KB198419

하루 30분 학습으로 언제 어디서나
듣고 말할 수 있는 **영어 자신감**

왕초보영어
2024 하편

EBS 기획 | 마스터유진 지음

머 리 말

> **You can't connect the dots looking forward.**
> 미래를 예측하며 점들을 연결할 수는 없습니다.
>
> **You can only connect them looking backwards.**
> 훗날 뒤를 돌아보며 이해할 수 있을 뿐이죠.
>
> Steve Jobs (1955~2011)

'점 이어 가기'라는 그림 놀이를 해 보신 적 있나요?
종이 위에 많은 숫자들이 작은 점들과 함께 무작위로 놓여 있고, 숫자 순서대로 점들을 이어 가는 놀이 말이죠. 이어 가는 순간에는 '이게 그림이 되긴 하는 거야?'라는 생각만 듭니다.

그런데, 이게 웬걸! 펜이 마지막 숫자에 멈춘 후 완성된 최종 그림을 보는 순간 우리에게 다가오는 그 충격과 반전.

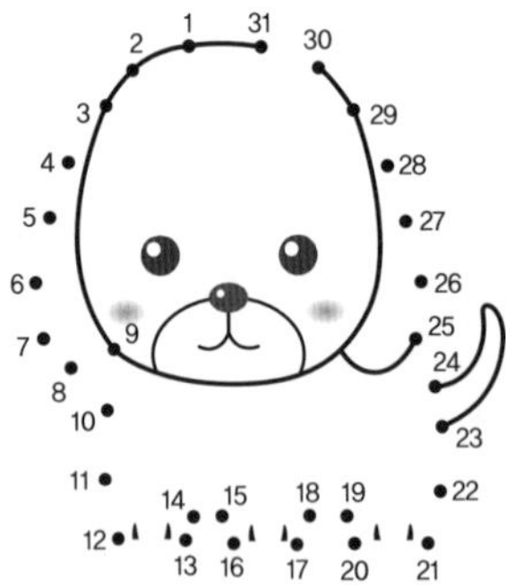

데려다 키우고 싶을 정도로 귀여운 강아지 한 마리가 되기도 하고, 카리스마 충만한 코끼리를 완성하게 되기도 하고, 아름다운 정원이 되는가 하면, 멋들어진 악기들이 완성될 수도 있습니다.

일이든 공부든 연애든 뭐든지 가끔씩은 힘들 때가 있어서 '내가 맞게 하고 있긴 한 건가? 이게 내 인생에 도움이나 될까?'라는 생각이 들곤 합니다.

하지만 힘든 그 순간마저도 최종 그림을 완성하는 데 한몫하는 점이며, 그 점들이 만들어 낼 최종 그림은 반드시 상상을 초월할 정도로 놀라운 것임을 믿고 신나게 나아가면 좋겠습니다.

이제 저는 여러분과 새로운 점을 함께 이어 나가 보려 합니다.

- 십수 년간 미국 현지에서 다양한 직업군의 원어민들과 소통하여 완성한 데이터
- 원어민들이 매일 쓰는 생활 밀착형 표현들과 패턴
- 한국인들과는 다른 원어민들의 사고방식과 표현 방법
- 끝없는 오류와 수정을 반복하여 완성한 한국인에게 꼭 필요한 학습법

그 모든 것이 〈EBS 왕초보영어〉에 잘 녹아들어 있습니다.
시청자 여러분의 과분한 사랑과 성원에 진심으로 감사드립니다.

수년간 영어 방송 1위의 자리를 지킬 수 있었던 건 시청자 여러분 덕분입니다.

마스터유진 드림

이 교재의 **구성과 특징**

〈EBS 왕초보영어〉는 영어를 알긴 아는데 영어로 말하려고 하면 입이 떨어지지 않는 왕초보들을 위한 교재입니다.

EBS TV 방송 프로그램 "EBS 왕초보영어"로 마스터유진 선생님과 함께 더욱 실제적이고 적극적인 학습이 가능합니다.

요일별 주제마다, Today's Dialogue를 기반으로 한 4개의 STEP으로 구성하여, 각 STEP마다 초보자들이 자신감을 가지고 재미있게 학습할 수 있습니다.

우리 일상생활과 가장 밀접한 가정, 일상, 직업, 관계, 여행을 주제로 하여, 알아 두면 언제든지 유용하게 사용할 수 있습니다.

가 정 자녀에서 부부 사이까지. 이제 나도 가족들과 영어로 대화할 수 있다!

일 상 생활 영어에서 비즈니스 영어까지. 이제 나도 영어로 수다 떨 수 있다!

직 업 상담에서 판매까지. 이제 나도 고객과 영어로 대화할 수 있다!

관 계 친구에서 직장 상사까지. 이제 나도 영어로 상담해 줄 수 있다!

여 행 공항에서 여행지까지. 이제 나도 현지인들과 영어로 대화할 수 있다!

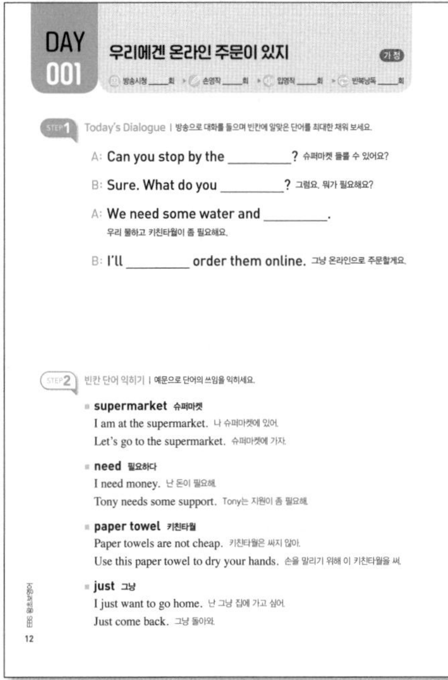

DAY 001 우리에겐 온라인 주문이 있지 가정

방송시청 ____회 ▸ 손영작 ____회 ▸ 입영작 ____회 ▸ 반복낭독 ____회

STEP 1 Today's Dialogue | 방송으로 대화를 들으며 빈칸에 알맞은 단어를 최대한 채워 보세요.

A: Can you stop by the ________? 슈퍼마켓 들를 수 있어요?

B: Sure. What do you ________? 그럼요. 뭐가 필요해요?

A: We need some water and ________.
우리 물하고 키친타월이 좀 필요해요.

B: I'll ________ order them online. 그냥 온라인으로 주문할게요.

STEP 2 빈칸 단어 익히기 | 예문으로 단어의 쓰임을 익히세요.

- **supermarket** 슈퍼마켓
  I am at the supermarket. 나 슈퍼마켓에 있어.
  Let's go to the supermarket. 슈퍼마켓에 가자.
- **need** 필요하다
  I need money. 난 돈이 필요해.
  Tony needs some support. Tony는 지원이 좀 필요해.
- **paper towel** 키친타월
  Paper towels are not cheap. 키친타월은 싸지 않아.
  Use this paper towel to dry your hands. 손을 말리기 위해 이 키친타월을 써.
- **just** 그냥
  I just want to go home. 난 그냥 집에 가고 싶어.
  Just come back. 그냥 돌아와.

12

STEP 1

방송으로 대화를 들으며 빈칸에 알맞은 단어를 최대한 채워 보세요.

요일마다 달라지는 주제별 오늘의 대화를 방송으로 먼저 들어 봅니다.

Tip

- 단어는 아는데 스펠링을 모른다면 한글로 채워 넣어도 좋습니다.
  예 school → 스쿨
  playground → 플레이그라운드
- 아예 모르는 단어라면 들리는 만큼만 채워 넣어도 됩니다.
  예 Congratulations! → 콩그레...션
  awesome → 어...써...

STEP 2

예문으로 단어의 쓰임을 익히세요.

노트에 단어만 계속 써서 암기하는 건 아무 의미가 없습니다.
익힌 단어를 반드시 다른 문장에 자유자재로 넣어 쓸 수 있어야 합니다.

Tip

예문을 모방한 비슷한 문장을 직접 영작해 보세요.

방송을 시청하며 각 문장의 핵심 패턴을 익히세요.

한 문장 한 문장을 낱낱이 뜯어보며
문장을 확실하게 익히는 단계입니다.

예문과 선생님의 설명을 통해
핵심 패턴을 이해하세요.
핵심 패턴은 랜덤하게 자주 반복되므로
당장 이해가 되지 않더라도 걱정할
필요가 없습니다.
또한 이미 알고 있는 패턴이더라도
새로 배운 듯 다시 필기하세요.

Tip
필기하는 행동 자체가 뇌에 신호를 보내며
강력한 반복/강화훈련이 됩니다.
방송 중 발음훈련, 낭독훈련, 입영작,
연기훈련 등이 진행될 때는 **큰 목소리로 + 자신감 있게 + 실감나게 + 적극적으로 참여**하세요.

핵심 패턴 익히기 | 방송을 시청하며 각 문장의 핵심 패턴을 익히세요.

A: **Can you stop by the supermarket?** 슈퍼마켓 들를 수 있어요?
stop by (명사) (명사)에 들르다
Stop by my office. 내 사무실에 들러.
I stopped by the showroom. 난 그 쇼룸에 들렀어.

B: **Sure. What do you need?** 그럼요. 뭐가 필요해요?
What + do you (동사원형)? 넌 무엇을 (동사원형)하니?
What do you do? 넌 뭘 하니? (넌 직업이 뭐니?)
What do you want to do? 넌 뭘 하고 싶니?

A: **We need some water and paper towels.**
우리 물하고 키친타월이 좀 필요해요.
and 그리고, ~하고
I need a pen and an eraser. 나 펜하고 지우개 필요해.
I live in Seoul and Jake lives in Jeju. 난 서울에 살고 Jake는 제주에 살아.

B: **I'll just order them online.** 그냥 온라인으로 주문할게요.
online 온라인으로, 온라인에서
Can I order this online? 저 이거 온라인으로 주문할 수 있어요?
I read it online. 나 그거 온라인에서 읽었어.

STEP 4 직접 손영작/입영작 | 핵심 패턴을 사용하여 손으로 영작하고 입으로 영작하세요.

1. 내일 아침에 내 사무실에 들러. ____________________
2. 넌 뭘 먹고 싶니? ____________________
3. 난 빨대하고 컵이 필요해. ____________________
4. 그걸 온라인으로 해! ____________________

정답 | 1. Stop by my office tomorrow morning. 2. What do you want to eat? 3. I need a straw and a cup. 4. Do it online!

EBS 왕초보영어 13

STEP4

핵심 패턴을 사용하여 손으로 영작하고 입으로 영작하세요.

손영작

모르는 단어는 사전을 사용해도 괜찮습니다.

손영작은 스피드가 생명이므로, 지우개 쓸 시간도 아깝습니다. 최대한 빠르게 쓰세요..

입영작

손영작한 문장을 이번에는 입으로 내뱉으세요.

* 단, 암기해서 말하면 안 됩니다. 입영작은 스피드보다는 자연스러움이 생명입니다.
  표정, 억양, 몸짓을 총동원하여 연기하세요.

Tip
틀려도 됩니다. 틀리세요. 틀려야 늡니다.

마스터유진 선생님이 제안하는 **Extra Tip!**

❶ 매일 "EBS 왕초보영어" 방송을 시청하세요.

❷ 각 문장들을 손영작, 입영작하세요.

❸ 큰 목소리로 자신감 있게 오늘의 대화를 5회 이상 낭독하세요.

❹ **스터디 파트너와 각자 파트를 나누어 연기하세요.** 최고로 추천합니다.

❺ 방송 중에 주어지는 퀴즈를 꾸준히 풀고 게시판에 정답을 올리세요.

이 교재의 **목차**

Day	제목	주제	방송회차
Day 029	아기랑 놀아 주기로 했잖아	관계	2291회
Day 030	긴 비행의 지루함을 달래려면	여행	2292회
Day 031	형의 고통은 나의 기쁨	가정	2293회
Day 032	영국에서 온 친구 Peter	일상	2294회
Day 033	공포의 치과 I	직업	2295회
Day 034	퇴직하는 과장님	관계	2296회
Day 035	다운타운에서 벼룩시장 구경	여행	2297회
Day 036	엄마를 닮아 약간 다행이다	가정	2298회
Day 037	투자 공부도 좀 해야겠어	일상	2299회
Day 038	공포의 치과 II	직업	2300회
Day 039	차일 만했네	관계	2301회
Day 040	놀이공원 갈 땐 아이가 되고파	여행	2302회
Day 041	아이 용돈은 어떻게 줄까?	가정	2303회
Day 042	어떻게 그게 가능하니?	일상	2304회
Day 043	발레파킹을 맡겼더니	직업	2305회
Day 044	이런 우연이!	관계	2306회
Day 045	비행기에서 떨어뜨린 물건	여행	2307회
Day 046	영어에 거부감이 있는 아들	가정	2308회
Day 047	아무튼 넌 식물은 못 키우겠다	일상	2309회
Day 048	대표님을 만나게 되다니	직업	2310회
Day 049	퇴사하는 직장 동료	관계	2311회
Day 050	커피숍에서 이름을 말해 보자	여행	2312회
Day 051	아빠는 스마트폰 왕초보	가정	2313회
Day 052	누가 누구한테 겁쟁이래	일상	2314회
Day 053	난 얼어 죽어도 아이스야	직업	2315회
Day 054	동호회에서 알게 된 인연	관계	2316회
Day 055	진짜 영웅인 줄 알았네	여행	2317회
Day 056	장난감에 발이 달렸나?	가정	2318회
Day 057	Peter는 실물이 더 나아	일상	2319회
Day 058	승무원이 되고 싶은 아이	직업	2320회
Day 059	약속에 늦는 것도 한두 번이지	관계	2321회
Day 060	나 홀로 여행도 괜찮지	여행	2322회
Day 061	아들을 진정시켜 주는 지혜	가정	2323회
Day 062	포메라니안 키우려면 그 정도 희생은	일상	2324회

Day	제목	주제	방송회차
Day 097	2025년에 만나요, 여러분!	일상	2359회
Day 098	입금도 하고 인출도 하고	직업	2360회
Day 099	사과를 하려면 제대로 하라고	관계	2361회
Day 100	수족관을 찾아	여행	2362회
Day 101	여보, 아이스크림 먹기 싫은가 보지?	가정	2363회
Day 102	우정이야 커리어야?	일상	2364회
Day 103	판매세가 깡패구만	직업	2365회
Day 104	이건 일생일대의 기회인가	관계	2366회
Day 105	양보할 줄 아는 남자	여행	2367회
Day 106	다 오빠 탓이야	가정	2368회
Day 107	굳이 걔를 초대해야 돼?	일상	2369회
Day 108	등만 좀 살살 해 주세요	직업	2370회
Day 109	헤어지고도 이런 게 가능해?	관계	2371회
Day 110	추운 날씨에 여행하긴 싫어	여행	2372회
Day 111	할아버지는 멋쟁이셨네요	가정	2373회
Day 112	갑자기 퇴사한 동료	일상	2374회
Day 113	유기농 채소는 너무 비싸	직업	2375회
Day 114	미국에 갈 이유가 생겼군	관계	2376회
Day 115	뉴욕의 체감 온도는 최악이야	여행	2377회
Day 116	덕담 고마워, 형	가정	2378회
Day 117	동호회 모임에 못 가는 이유	일상	2379회
Day 118	딱 보니 모델이시네요	직업	2380회
Day 119	이런 분이 모태솔로라니	관계	2381회
Day 120	입국 심사 중 전형적인 질문	여행	2382회
Day 121	기특한 내 아들	가정	2383회
Day 122	왜 자네가 부러운 거지?	일상	2384회
Day 123	보석상을 운영하는 친구 아내	직업	2385회
Day 124	삼촌 밑에서 일 좀 배워 볼까?	관계	2386회
Day 125	기내식은 놓칠 수 없지	여행	2387회
Day 126	아빠의 서프라이즈를 깬 아들	가정	2388회
Day 127	영어 리스닝을 잘하려면	일상	2389회
Day 128	요가 레깅스는 왜 꼭 작아야 해?	직업	2390회
Day 129	사실은 여사친을 좋아했다	관계	2391회
Day 130	내 좌석은 축구공이 아니야	여행	2392회

DAY 001 우리에겐 온라인 주문이 있지

방송시청 ____회 ▶ 손영작 ____회 ▶ 입영작 ____회 ▶ 반복낭독 ____회

STEP 1 Today's Dialogue | 방송으로 대화를 들으며 빈칸에 알맞은 단어를 최대한 채워 보세요.

A: **Can you stop by the __________?** 슈퍼마켓 들를 수 있어요?

B: **Sure. What do you __________?** 그럼요. 뭐가 필요해요?

A: **We need some water and __________.**
우리 물하고 키친타월이 좀 필요해요.

B: **I'll __________ order them online.** 그냥 온라인으로 주문할게요.

STEP 2 빈칸 단어 익히기 | 예문으로 단어의 쓰임을 익히세요.

- **supermarket 슈퍼마켓**

I am at the supermarket. 나 슈퍼마켓에 있어.

Let's go to the supermarket. 슈퍼마켓에 가자.

- **need 필요하다**

I need money. 난 돈이 필요해.

Tony needs some support. Tony는 지원이 좀 필요해.

- **paper towel 키친타월**

Paper towels are not cheap. 키친타월은 싸지 않아.

Use this paper towel to dry your hands. 손을 말리기 위해 이 키친타월을 써.

- **just 그냥**

I just want to go home. 난 그냥 집에 가고 싶어.

Just come back. 그냥 돌아와.

STEP3 **핵심 패턴 익히기** | 방송을 시청하며 각 문장의 핵심 패턴을 익히세요.

A: **Can you stop by the supermarket?** 슈퍼마켓 들를 수 있어요?

stop by (명사) (명사)에 들르다

Stop by my office. 내 사무실에 들러.

I stopped by the showroom. 난 그 쇼룸에 들렀어.

B: **Sure. What do you need?** 그럼요. 뭐가 필요해요?

What + do you (동사원형)? 넌 무엇을 (동사원형)하니?

What do you do? 넌 뭘 하니? (넌 직업이 뭐니?)

What do you want to do? 넌 뭘 하고 싶니?

A: **We need some water and paper towels.**

우리 물하고 키친타월이 좀 필요해요.

and 그리고, ~하고

I need a pen and an eraser. 나 펜하고 지우개 필요해.

I live in Seoul and Jake lives in Jeju. 난 서울에 살고 Jake는 제주에 살아.

B: **I'll just order them online.** 그냥 온라인으로 주문할게요.

online 온라인으로, 온라인에서

Can I order this online? 저 이거 온라인으로 주문할 수 있어요?

I read it online. 나 그거 온라인에서 읽었어.

직접 손영작/입영작 | 핵심 패턴을 사용하여 손으로 영작하고 입으로 영작하세요.

1. 내일 아침에 내 사무실에 들러. ______________________

2. 넌 뭘 먹고 싶니? ______________________

3. 난 빨대하고 컵이 필요해. ______________________

4. 그걸 온라인으로 해! ______________________

정답 | **1.** Stop by my office tomorrow morning. **2.** What do you want to eat? **3.** I need a straw and a cup. **4.** Do it online!

DAY 002

머리 좀 감아 제발

방송시청 ____회 ▶ 손영작 ____회 ▶ 입영작 ____회 ▶ 반복낭독 ____회

STEP 1 Today's Dialogue | 방송으로 대화를 들으며 빈칸에 알맞은 단어를 최대한 채워 보세요.

A: **Gosh, my head's so ________.** 휴, 머리 엄청 가렵네.

B: **Eww! When did you last ________ your hair?**
우웩! 언제 마지막으로 감았는데?

A: **Two days ago. I'm trying to ________ water.**
이틀 전에. 물을 아끼려는 중이지.

B: **It smells, man! How can you ________ it?**
냄새나, 야! 넌 그걸 어떻게 견디니?

STEP 2 빈칸 단어 익히기 | 예문으로 단어의 쓰임을 익히세요.

- **itchy** 가려운
  My hands are so itchy. 손이 엄청 가려워.
  Is your head itchy? 머리가 가렵니?

- **wash** 씻다
  Wash your feet. 발 씻어.
  I washed my car. 나 내 차 세차했어.

- **save** 아끼다, 남겨 두다
  Save your money. 돈을 아껴.
  Let's save some food. 음식을 좀 남겨 두자.

- **stand** 견디다, 참다
  I can't stand him. 난 그를 못 견디겠어.
  I can't stand this hot weather. 난 이 더운 날씨를 못 견디겠어.

STEP 3 핵심 패턴 익히기 | 방송을 시청하며 각 문장의 핵심 패턴을 익히세요.

A: Gosh, my head's so itchy. 휴, 머리 엄청 가렵네.

so (형용사) 엄청 (형용사)한

The water is so warm. 물이 엄청 따뜻해.

I am so annoyed! 나 엄청 짜증 나!

B: Eww! When did you last wash your hair?
우웩! 언제 마지막으로 감았는데?

When + did you last (동사원형)? 너 언제 마지막으로 (동사원형)했어?

When did you last see him? 너 언제 마지막으로 걔를 봤어?

When did you last eat noodles? 너 언제 마지막으로 면을 먹었어?

A: Two days ago. I'm trying to save water. 이틀 전에. 물을 아끼려는 중이지.

(기간) ago (기간) 전에

She left 30 minutes ago. 걔는 30분 전에 떠났어.

I came home an hour ago. 나 한 시간 전에 집에 왔어.

B: It smells, man! How can you stand it? 냄새나, 야! 넌 그걸 어떻게 견디니?

How + (질문 어순)? 어떻게 (질문 어순)이니?

How can you eat that? 너 어떻게 그걸 먹을 수 있니?

How did you move it? 너 어떻게 그걸 옮겼니?

직접 손영작/입영작 | 핵심 패턴을 사용하여 손으로 영작하고 입으로 영작하세요.

1. 물이 엄청 차가워. ______________________

2. 너 언제 마지막으로 그녀에게 전화했어? ______________________

3. Peter는 3일 전에 떠났어. ______________________

4. 너 어떻게 그 상자를 열었니? ______________________

정답 | **1.** The water is so cold. **2.** When did you last call her? **3.** Peter left 3 days ago.
4. How did you open the box?

DAY 003 계산 중 빼먹은 물건

방송시청 _____회 ▸ 손영작 _____회 ▸ 입영작 _____회 ▸ 반복낭독 _____회

STEP 1 Today's Dialogue | 방송으로 대화를 들으며 빈칸에 알맞은 단어를 최대한 채워 보세요.

A: You didn't ring up __________. 이거 계산 안 하셨는데요.

B: Oh, I'm sorry. Was that __________?
오, 죄송해요. 그거 손님 거였나요?

A: Yeah, I think you __________ to ring it up.
네, 계산하는 거 잊으신 거 같아요.

B: I thought it was the next __________'s item.
다음 손님 물건인 줄 알았네요.

STEP 2 빈칸 단어 익히기 | 예문으로 단어의 쓰임을 익히세요.

- **this one** 이것
  Buy this one. 이걸 사.
  This one is yours. 이게 네 거야.

- **yours** 네 것
  Is this camera yours? 이 카메라 네 거야?
  Yours is different. 네 거는 달라.

- **forget** 잊다
  I forgot to pack my bag. 나 내 가방 싸는 걸 잊었어.
  Don't forget my birthday. 내 생일 잊지 마.

- **customer** 손님
  We have many customers. 저희는 손님이 많아요.
  The customer complained again. 그 손님이 또 불평했어.

STEP 3 핵심 패턴 익히기 | 방송을 시청하며 각 문장의 핵심 패턴을 익히세요.

A: **You didn't ring up this one.** 이거 계산 안 하셨는데요.

ring up (명사) (명사)를 계산에 넣다/계산하다

Did you ring up this one? 이거 계산하셨어요?

Please don't ring it up. 그건 계산하지 말아 주세요.

B: **Oh, I'm sorry. Was that yours?** 오, 죄송해요. 그거 손님 거였나요?

Was/Were (주어) (명사)? (주어)가 (명사)였나요?

Was that mine? 그거 내 거였어?

Were those yours? 그것들 네 거였어?

A: **Yeah, I think you forgot to ring it up.** 네, 계산하는 거 잊으신 거 같아요.

forget + to (동사원형) (동사원형)하는 걸 잊다

Don't forget to bring your card. 네 카드 가져오는 걸 잊지 마.

I forgot to send it. 나 그거 보내는 걸 잊었어.

B: **I thought it was the next customer's item.**
다음 손님 물건인 줄 알았네요.

I thought (평서문). 난 (평서문)이라고 생각했어. / (평서문)인 줄 알았어.

I thought she was Korean. 난 그녀가 한국인이라고 생각했어.

I thought it was yours. 난 그게 네 거인 줄 알았어.

STEP 4 직접 손영작/입영작 | 핵심 패턴을 사용하여 손으로 영작하고 입으로 영작하세요.

1. 이것도 계산에 넣어 주실 수 있나요? ______________________

2. 그거 Jane 거였어? ______________________

3. 난 그를 픽업하는 걸 잊었어. ______________________

4. 난 네가 거기에 있는 줄 알았어. ______________________

정답 | **1.** Can you ring up this one, too? **2.** Was that Jane's? **3.** I forgot to pick him up. **4.** I thought you were there.

DAY 004

중요한 고객의 생일

방송시청 _____회 ▸ 손영작 _____회 ▸ 입영작 _____회 ▸ 반복낭독 _____회

STEP 1 Today's Dialogue | 방송으로 대화를 들으며 빈칸에 알맞은 단어를 최대한 채워 보세요.

A: **It's Mr. Jackson's __________ tomorrow.**
내일이 Jackson 씨 생일이야.

B: **Did you send him a __________ or something?**
선물이나 뭐 그런 거 보냈어?

A: **Do you __________ I should?** 보내야 할 거 같아?

B: **__________! He's our biggest client!**
물론이지! 그는 우리의 가장 큰 고객인데!

STEP 2 빈칸 단어 익히기 | 예문으로 단어의 쓰임을 익히세요.

- **birthday** 생일
  When is your birthday? 네 생일은 언제야?
  My birthday is coming up. 내 생일이 다가와.

- **gift** 선물
  Open the gift. 선물을 열어 봐.
  This gift is for you. 이 선물은 널 위한 거야.

- **think** 생각하다
  I think you are right. 난 네 말이 맞다고 생각해.
  Do you think so? 너 그렇게 생각해?

- **definitely** 물론, 확실히
  Definitely! I'll call you! 물론이지! 내가 전화할게!
  This is definitely silver. 이건 확실히 은이야.

STEP 3 핵심 패턴 익히기 | 방송을 시청하며 각 문장의 핵심 패턴을 익히세요.

A: It's Mr. Jackson's birthday tomorrow. 내일이 Jackson 씨 생일이야.

It's (날/날짜/요일). (날/날짜/요일)이야.

It's our anniversary tomorrow. 내일이 우리 기념일이야.

It's Friday today. 오늘은 금요일이야.

B: Did you send him a gift or something? 선물이나 뭐 그런 거 보냈어?

or something 뭐 그런 것

Do you have a pen or something? 너 펜이나 뭐 그런 거 있어?

Does he work here or something? 걔가 여기서 일하거나 뭐 그런 거야?

A: Do you think I should? 보내야 할 거 같아?

Do you think + (평서문)? 넌 (평서문)이라고 생각해? / (평서문)인 거 같아?

Do you think I hate you? 넌 내가 널 싫어한다고 생각해?

Do you think this is gold? 이게 금인 거 같니?

B: Definitely! He's our biggest client!

물론이지! 그는 우리의 가장 큰 고객인데!

biggest 가장 큰

That's your biggest problem. 그게 네 가장 큰 문제야.

It's the biggest elephant in the world. 그건 세상에서 가장 큰 코끼리야.

STEP 4 직접 손영작/입영작 | 핵심 패턴을 사용하여 손으로 영작하고 입으로 영작하세요.

1. 오늘은 밸런타인데이야. ____________________

2. 너 연필이나 뭐 그런 거 있어? ____________________

3. 넌 내가 거짓말하고 있다고 생각해? ____________________

4. Angela는 우리의 가장 큰 고객이야. ____________________

정답 | **1.** It's Valentine's Day today. **2.** Do you have a pencil or something? **3.** Do you think I am lying? **4.** Angela is our biggest client.

DAY 005

좌석 스크린 없이 비행할 순 없지

방송시청 _____회 ▶ 손영작 _____회 ▶ 입영작 _____회 ▶ 반복낭독 _____회

STEP 1 Today's Dialogue | 방송으로 대화를 들으며 빈칸에 알맞은 단어를 최대한 채워 보세요.

A: My __________ is not turning on. 화면이 안 켜지는데요.

B: Could you __________ the reset button?
리셋 버튼 눌러 주실 수 있을까요?

A: I already tried. It didn't __________.
이미 해 봤는데, 안 되더라고요.

B: OK. Let me move you to __________ seat.
알겠습니다. 다른 자리로 옮겨 드릴게요.

STEP 2 빈칸 단어 익히기 | 예문으로 단어의 쓰임을 익히세요.

- **screen** 화면

The screen is huge! 화면이 엄청 커!
Touch the screen. 화면을 터치해.

- **press** 누르다

Press the red button. 빨간 버튼을 누르세요.
I pressed it again. 난 그걸 다시 눌렀어.

- **work** 작동하다, 되다 / 효과가 있다

The charger is not working. 충전기가 작동을 안 해.
Did it work? 그게 됐어?

- **another** 또 다른, 또 하나의

Let's go to another place. 다른 곳으로 가자.
I had another glass. 나 또 한 잔 마셨어.

STEP 3 핵심 패턴 익히기 | 방송을 시청하며 각 문장의 핵심 패턴을 익히세요.

A: My screen is not turning on. 화면이 안 켜지는데요.

turn on 켜지다

It finally turned on. 그게 마침내 켜졌어.

The computer is not turning on. 컴퓨터가 안 켜져.

B: Could you press the reset button? 리셋 버튼 눌러 주실 수 있을까요?

Could you (동사원형)? (동사원형)해 주실 수 있을까요?

Could you wait outside? 밖에서 기다려 주실 수 있을까요?

Could you help us? 저희를 도와주실 수 있을까요?

A: I already tried. It didn't work. 이미 해 봤는데, 안 되더라고요.

didn't (동사원형) (동사원형)하지 않았다

I didn't sleep last night. 나 어젯밤에 안 잤어.

She didn't wake me up. 걔가 날 안 깨웠어.

B: OK. Let me move you to another seat.

알겠습니다. 다른 자리로 옮겨 드릴게요.

Let me (동사원형). (동사원형)할게요.

Let me bring my car. 제 차를 가져올게요.

Let me ask you something. 뭐 좀 물어볼게.

STEP 4 직접 손영작/입영작 | 핵심 패턴을 사용하여 손으로 영작하고 입으로 영작하세요.

1. 그게 켜졌니? ______________________

2. 절 기다려 주실 수 있을까요? ______________________

3. 우린 그걸 몰랐어. ______________________

4. 내가 너에게 다시 전화할게. ______________________

정답 | **1.** Did it turn on? **2.** Could you wait for me? **3.** We didn't know that. **4.** Let me call you back.

DAY 006

비디오 게임의 조건

방송시청 _____회 ▸ 손영작 _____회 ▸ 입영작 _____회 ▸ 반복낭독 _____회

STEP 1 Today's Dialogue | 방송으로 대화를 들으며 빈칸에 알맞은 단어를 최대한 채워 보세요.

A: **Mom, can I __________ a video game?**
엄마, 비디오 게임 해도 돼요?

B: **Did you finish your __________?** 숙제 마쳤니?

A: **I'm __________ done with it.** 숙제 거의 다 마쳤어요.

B: **You can't play it until you're __________.**
다 마칠 때까진 하면 안 돼.

STEP 2 빈칸 단어 익히기 | 예문으로 단어의 쓰임을 익히세요.

■ **play** (게임, 스포츠 등을) 하다
Let's play baseball. 야구 하자.
We played the horror game. 우리 그 공포 게임 했어.

■ **homework** 숙제
Do we have homework? 우리 숙제 있니?
We have too much homework. 우리 숙제가 너무 많아.

■ **almost** 거의
We are almost there. 우리 거의 다 왔어.
The movie is almost over. 영화가 거의 다 끝났어.

■ **done** 다 마친
We are done. 우리 다 마쳤어.
Are you done? 너 다 마쳤어?

STEP 3 핵심 패턴 익히기 | 방송을 시청하며 각 문장의 핵심 패턴을 익히세요.

A: Mom, can I play a video game? 엄마, 비디오 게임 해도 돼요?

Can I (동사원형)? 저 (동사원형)해도 돼요?

Can I go home now? 저 이제 집에 가도 돼요?

Can I eat this pie? 저 이 파이 먹어도 돼요?

B: Did you finish your homework? 숙제 마쳤니?

Did you (동사원형)? 너 (동사원형)했어?

Did you finish your work? 너 일 마쳤어?

Did you make a decision? 너 결정했어?

A: I'm almost done with it. 숙제 거의 다 마쳤어요.

be done + with (명사) (명사)를 다 마치다

I am done with my homework. 나 숙제 다 마쳤어.

We are done with everything. 우린 모든 걸 다 마쳤어.

B: You can't play it until you're done. 다 마칠 때까진 하면 안 돼.

until (평서문) (평서문)일 때까지

I will wait until you are done. 네가 다 마칠 때까지 기다릴게.

Keep running until I come back. 제가 돌아올 때까지 계속 달리세요.

STEP 4 직접 손영작/입영작 | 핵심 패턴을 사용하여 손으로 영작하고 입으로 영작하세요.

1. 저 여기 머물러도 돼요? ______________________

2. 너 울었어? ______________________

3. 그녀는 그녀의 숙제를 다 마쳤어. ______________________

4. 내가 돌아올 때까지 계속 걸어. ______________________

정답 | **1.** Can I stay here? **2.** Did you cry? **3.** She is done with her homework. **4.** Keep walking until I come back.

DAY 007 여름 방학은 왜 이리 짧니

방송시청 _____회 ▸ 손영작 _____회 ▸ 입영작 _____회 ▸ 반복낭독 _____회

STEP 1 Today's Dialogue | 방송으로 대화를 들으며 빈칸에 알맞은 단어를 최대한 채워 보세요.

A: **I can't believe the __________ is over.**
여름 방학이 끝났다니 믿을 수가 없네.

B: **Gosh, I'm so __________ now.** 어휴, 나 지금 엄청 우울해.

A: **So am __________.** 나도 그래.

B: **I should go __________ and get ready for school.**
집에 가서 개학 준비해야겠어.

STEP 2 빈칸 단어 익히기 | 예문으로 단어의 쓰임을 익히세요.

- **summer break** 여름 방학

When is the summer break? 여름 방학이 언제야?

The summer break is over. 여름 방학이 끝났어.

- **depressed** 우울한

I am not depressed. 난 우울하지 않아.

She felt depressed. 그녀는 우울하다고 느꼈어.

- **I** 나 (주어)

I am a girl. 난 여자애야.

She and I go to the same school. 걔랑 나는 같은 학교에 다녀.

- **home** 집으로, 집에 / 집

Come home. 집으로 와.

It's far from home. 거긴 집에서 멀어.

STEP 3 핵심 패턴 익히기 | 방송을 시청하며 각 문장의 핵심 패턴을 익히세요.

A: I can't believe the summer break is over.
여름 방학이 끝났다니 믿을 수가 없네.

I can't believe + (평서문). (평서문)이라니 믿을 수가 없네.

I can't believe you are 20. 네가 스무 살이라니 믿을 수가 없네.

I can't believe today is Monday. 오늘이 월요일이라니 믿을 수가 없네.

B: Gosh, I'm so depressed now. 어휴, 나 지금 엄청 우울해.

Gosh. 어휴.

Gosh, I failed the test. 어휴, 나 그 시험 떨어졌어.

Gosh, I hate my job. 어휴, 난 내 일이 싫어.

A: So am I. 나도 그래.

So am I. 나도 그래.

A: I am happy. / B: So am I. A: 난 행복해. / B: 나도 그래.

A: I am sleepy. / B: So am I. A: 난 졸려. / B: 나도 그래.

B: I should go home and get ready for school.
집에 가서 개학 준비해야겠어.

get ready + for (명사) (명사)에 대해 준비하다

Get ready for work. 일에 대해 준비해. (출근 준비해.)

Let's get ready for school. 학교에 대해 준비하자. (학교 갈 준비하자.)

STEP 4 직접 손영작/입영작 | 핵심 패턴을 사용하여 손으로 영작하고 입으로 영작하세요.

1. 이게 버터라니 믿을 수가 없네. ______________________

2. 어휴, 나 엄청 짜증 나. ______________________

3. A: 난 슬퍼. / B: 나도 그래. ______________________

4. 일에 대해 준비하자. (출근 준비하자.) ______________________

정답 | **1.** I can't believe this is butter. **2.** Gosh, I am so annoyed. **3.** A: I am sad. / B: So am I. **4.** Let's get ready for work.

DAY 008

열 살 정도면 이런 선물 괜찮지

방송시청 _____회 ▶ 손영작 _____회 ▶ 입영작 _____회 ▶ 반복낭독 _____회

STEP 1 Today's Dialogue | 방송으로 대화를 들으며 빈칸에 알맞은 단어를 최대한 채워 보세요.

A: I'm looking for a gift for my __________.
여자 조카를 위한 선물을 찾고 있는데요.

B: How __________ is she? 조카가 몇 살이죠?

A: She's 10. She doesn't like __________ though.
열 살이에요. 그렇지만 인형은 안 좋아해요.

B: Get her this __________. Girls love these.
이 즉석카메라를 사 주세요. 여자애들이 엄청 좋아해요.

STEP 2 빈칸 단어 익히기 | 예문으로 단어의 쓰임을 익히세요.

- **niece** 여자 조카
  Your niece is so pretty! 조카분이 엄청 예뻐요!
  Is that your niece? 쟤가 네 조카니?

- **old** 나이 든, 오래된
  You are not old. 넌 나이 들지 않았어.
  It's an old tree. 그건 오래된 나무야.

- **doll** 인형
  She collects dolls. 걔는 인형을 수집해.
  I like tiny dolls. 난 아주 작은 인형들을 좋아해.

- **instant camera** 즉석카메라
  I have an instant camera. 나 즉석카메라 있어.
  Instant cameras are expensive. 즉석카메라는 비싸.

STEP 3 **핵심 패턴 익히기** | 방송을 시청하며 각 문장의 핵심 패턴을 익히세요.

A: I'm looking for a gift for my niece. 여자 조카를 위한 선물을 찾고 있는데요.

look + for (명사) (명사)를 찾다

I am looking for someone. 난 누군가를 찾고 있어.

She is looking for a job. 걔는 일자리를 찾고 있어.

B: How old is she? 조카가 몇 살이죠?

How old is/are (주어)? (주어)는 몇 살이야?

How old is your sister? 네 언니는 몇 살이니?

How old are they? 걔네는 몇 살이야?

A: She's 10. She doesn't like dolls though.

열 살이에요. 그렇지만 인형은 안 좋아해요.

though 그래도, 그렇지만

I don't like carrots though. 그렇지만 난 당근은 안 좋아해.

I still miss him though. 그래도 난 여전히 걔가 그리워.

B: Get her this instant camera. Girls love these.

이 즉석카메라를 사 주세요. 여자애들이 엄청 좋아해요.

get (목적어) + (명사) (목적어)에게 (명사)를 사 주다

I got her a snowboard. 난 그녀에게 스노보드를 사 줬어.

Get him a game console. 걔한테 게임기를 사 줘.

STEP 4 **직접 손영작/입영작** | 핵심 패턴을 사용하여 손으로 영작하고 입으로 영작하세요.

1. 전 친구를 찾고 있어요. ____________________

2. 네 여자 조카는 몇 살이야? ____________________

3. 그렇지만 그는 날 안 좋아해. ____________________

4. 그녀에게 꽃을 사 줘. ____________________

정답 | **1.** I am looking for a friend. **2.** How old is your niece? **3.** He doesn't like me though. **4.** Get her flowers.

DAY 009

정말 괜찮은 걸까?

방송시청 ____회 ▶ 손영작 ____회 ▶ 입영작 ____회 ▶ 반복낭독 ____회

STEP 1 Today's Dialogue | 방송으로 대화를 들으며 빈칸에 알맞은 단어를 최대한 채워 보세요.

A: Aren't you __________? 자네 집에 안 가?

B: I can't. I have to finish this __________.
못 가. 이 보고서 마쳐야 돼.

A: Isn't it your __________'s birthday today?
오늘 자네 아내 생일 아니야?

B: It is. She said it's __________. 맞아. 아내가 괜찮다고 했어.

STEP 2 빈칸 단어 익히기 | 예문으로 단어의 쓰임을 익히세요.

- **go home** 집에 가다
  Just go home. 그냥 집에 가.
  I went home after work. 나 퇴근하고 집에 갔어.

- **report** 보고서
  Send me the monthly report. 월례 보고서를 내게 보내게.
  Who sent you this report? 누가 너에게 이 보고서를 보냈니?

- **wife** 아내
  His wife is a nurse. 그의 아내는 간호사야.
  Their wives are waiting inside. 그들의 아내들이 안에서 기다리고 있어.

- **okay** 괜찮은
  Is your aunt okay? 네 이모님 괜찮으셔?
  I am not okay. 나 안 괜찮아.

STEP3 핵심 패턴 익히기 | 방송을 시청하며 각 문장의 핵심 패턴을 익히세요.

A: **Aren't you going home?** 자네 집에 안 가?

Aren't you (~ing)? 너 (~ing) 안 해? / (~ing)하지 않아?

Aren't you leaving soon? 너 곧 떠나지 않아?

Aren't you coming back? 너 안 돌아와?

B: **I can't. I have to finish this report.** 못 가. 이 보고서 마쳐야 돼.

have to (동사원형) (동사원형)해야만 한다

I have to sell my car. 나 내 차 팔아야 해.

She has to finish it now. 걔는 그걸 지금 마쳐야 돼.

A: **Isn't it your wife's birthday today?** 오늘 자네 아내 생일 아니야?

Isn't it (날/날짜/요일)? (날/날짜/요일) 아니야?

Isn't it your birthday tomorrow? 내일 네 생일 아니야?

Isn't it Monday today? 오늘 월요일 아니야?

B: **It is. She said it's okay.** 맞아. 아내가 괜찮다고 했어.

(주어) said + (평서문). (주어)가 (평서문)이라고 했어.

Mayu said it's okay. 마유가 괜찮다고 했어.

You said you live in Seoul. 너 서울에 산다고 했잖아.

직접 손영작/입영작 | 핵심 패턴을 사용하여 손으로 영작하고 입으로 영작하세요.

1. 당신 곧 은퇴하지 않아요? ____________________

2. 나 집에 가야 돼. ____________________

3. 오늘 수요일 아니야? ____________________

4. Peter가 괜찮다고 했어요. ____________________

정답 | **1.** Aren't you retiring soon? **2.** I have to go home. **3.** Isn't it Wednesday today? **4.** Peter said it's okay.

DAY 010 위급 상황에 도와준 경찰

방송시청 _____회 ▶ 손영작 _____회 ▶ 입영작 _____회 ▶ 반복낭독 _____회

STEP 1 Today's Dialogue | 방송으로 대화를 들으며 빈칸에 알맞은 단어를 최대한 채워 보세요.

A: **Can you please take us to the __________?**
저희를 병원에 좀 데려다주실 수 있나요?

B: **What's __________, ma'am?** 무슨 문제죠, 부인?

A: **My daughter has a __________ fever.** 딸아이가 고열이 있어요.

B: **__________! I'll take you there.** 타세요! 거기 데려다드릴게요.

STEP 2 빈칸 단어 익히기 | 예문으로 단어의 쓰임을 익히세요.

■ **hospital 병원**
I am at the hospital. 나 병원에 있어.
She went to the hospital. 그녀는 병원에 갔어.

■ **wrong 틀린, 잘못된**
Is this the wrong answer? 이거 틀린 답인가요?
You are wrong. 네가 틀렸어.

■ **high 높은**
She has a high score. 걔는 점수가 높아.
There is a high demand. 수요가 높아[많아].

■ **get in (택시나 자동차에) 타다**
Get in the car. 차에 타.
I got in the taxi. 난 택시에 탔어.

STEP 3 **핵심 패턴 익히기** | 방송을 시청하며 각 문장의 핵심 패턴을 익히세요.

A: Can you please take us to the hospital?

저희를 병원에 좀 데려다주실 수 있나요?

take (목적어) + to (명사) (목적어)를 (명사)에 데려가다

Take me to the resort. 날 그 리조트에 데려가.

I took her to the airport. 난 걔를 공항에 데려다줬어.

B: What's wrong, ma'am? 무슨 문제죠, 부인?

What's (형용사)? 뭐가 (형용사)하죠?

What's popular? 뭐가 인기 있죠?

What's good here? 여기에 뭐가 맛있죠?

A: My daughter has a high fever. 딸아이가 고열이 있어요.

have a fever 열이 있다

I have a fever. 나 열이 있어.

Tina has a high fever. Tina는 고열이 있어.

B: Get in! I'll take you there. 타세요! 거기 데려다드릴게요.

there 거기, 거기에, 거기로

Let's go there. 거기로 가자.

My office is far from there. 내 사무실은 거기에서 멀어.

직접 손영작/입영작 | 핵심 패턴을 사용하여 손으로 영작하고 입으로 영작하세요.

1. 우리를 그 호텔에 데려다줘. ______________________

2. 뭐가 잘못됐죠(무슨 문제죠), 선생님? ______________________

3. 내 아들이 열이 있어. ______________________

4. 거기로 가자. ______________________

정답 | **1.** Take us to the hotel. **2.** What's wrong, sir? **3.** My son has a fever. **4.** Let's go there.

DAY 011 미국으로 돌아가는 친구

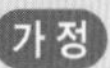

방송시청 ____회 ▸ 손영작 ____회 ▸ 입영작 ____회 ▸ 반복낭독 ____회

STEP 1 Today's Dialogue | 방송으로 대화를 들으며 빈칸에 알맞은 단어를 최대한 채워 보세요.

A: Is everything okay? You look so __________.
다 괜찮은 거니? 많이 우울해 보이는데.

B: Mayu is going back to __________. 마유가 미국으로 돌아가요.

A: Oh, no. You mean your __________ Mayu?
오, 이런. 네 베프 마유 말이니?

B: Yeah... His whole __________ is moving back.
네… 가족 전체가 도로 이사 가요.

STEP 2 빈칸 단어 익히기 | 예문으로 단어의 쓰임을 익히세요.

■ **down** 우울한

Don't be so down. 그렇게 우울해 하지 마.

I felt so down. 나 엄청 우울했어.

■ **America** 미국

Have you been to America? 너 미국 가 본 적 있어?

America is a huge country. 미국은 엄청 큰 나라야.

■ **best friend** 베프, 가장 친한 친구

Who is your best friend? 누가 네 베프야?

My best friend is hands down Mayu. 내 베프는 생각할 필요도 없이 마유지.

■ **family** 가족

I miss my family. 난 우리 가족이 그리워.

Family is the most important thing. 가족이 가장 중요해.

STEP 3 핵심 패턴 익히기 | 방송을 시청하며 각 문장의 핵심 패턴을 익히세요.

A: Is everything okay? You look so down.

다 괜찮은 거니? 많이 우울해 보이는데.

look (형용사) (형용사)해 보이다

You look pale. 너 창백해 보여.

She looks fabulous! 그녀는 멋져 보여!

B: Mayu is going back to America. 마유가 미국으로 돌아가요.

go back + to (명사) (명사)로 돌아가다

I am going back to Korea. 나 한국으로 돌아가.

Go back to Chapter 1. 1장으로 돌아가세요.

A: Oh, no. You mean your best friend Mayu?

오, 이런. 네 베프 마유 말이니?

You mean (명사)? (명사) 말이니?

You mean your friend Peter? 네 친구 Peter 말이니?

You mean the tall guy? 그 키 큰 남자 말이니?

B: Yeah... His whole family is moving back.

네… 가족 전체가 도로 이사 가요.

be (~ing) (~ing)해 (확정된 미래 사실)

We are moving back to Busan. 우리 부산으로 도로 이사 가.

I am getting married next month. 나 다음 달에 결혼해.

STEP 4 직접 손영작/입영작 | 핵심 패턴을 사용하여 손으로 영작하고 입으로 영작하세요.

1. 너 오늘 귀여워 보여. ______________________

2. 그는 캐나다로 돌아갔어. ______________________

3. 그 수줍은 여자애 말이니? ______________________

4. 우리 내일 LA에 가. ______________________

정답 | **1.** You look cute today. **2.** He went back to Canada. **3.** You mean the shy girl? **4.** We are going to LA tomorrow.

DAY 012 외국인 친구 이름 지어 주기 I

방송시청 ____회 ▶ 손영작 ____회 ▶ 입영작 ____회 ▶ 반복낭독 ____회

STEP 1 Today's Dialogue | 방송으로 대화를 들으며 빈칸에 알맞은 단어를 최대한 채워 보세요.

A: Do you have a __________ name? 너 한국어 이름 있어?

B: My __________ call me Bongpal. 친구들이 날 봉팔이라고 불러.

A: It's a __________ name, but it doesn't suit you.
괜찮은 이름이긴 한데 너한텐 안 어울려.

B: Give me some __________, then. 그럼 추천을 좀 해 줘.

STEP 2 빈칸 단어 익히기 | 예문으로 단어의 쓰임을 익히세요.

■ **Korean** **한국의, 한국인인**

It's a Korean company. 그거 한국 회사야.

We are both Korean. 저희 둘 다 한국인입니다.

■ **friend** **친구**

Is that your friend? 저 사람 네 친구야?

I have no friends. 난 친구가 없어.

■ **good** **좋은, 괜찮은**

Do you know a good doctor? 너 괜찮은 의사 알아?

It's a good product. 그거 좋은 제품이야.

■ **recommendation** **추천**

I need a recommendation. 난 추천이 필요해.

Here are some recommendations. 여기 추천이 좀 있어요.

STEP 3 **핵심 패턴 익히기** | 방송을 시청하며 각 문장의 핵심 패턴을 익히세요.

A: Do you have a Korean name? 너 한국어 이름 있어?

Do you have (명사)? 너 (명사) 있어?

Do you have an English name? 너 영어 이름 있어?

Do you have an email address? 이메일 주소 있으세요?

B: My friends call me Bongpal. 친구들이 날 봉팔이라고 불러.

call (목적어) + (명사) (목적어)를 (명사)라고 부르다

People call him Mayu. 사람들은 그를 마유라고 불러.

Stop calling me Sarah. 날 Sarah라고 그만 불러.

A: It's a good name, but it doesn't suit you.

괜찮은 이름이긴 한데 너한텐 안 어울려.

suit (목적어) (목적어)에게 어울리다

Your name suits you. 네 이름은 너에게 어울려.

Do you think it suits me? 그게 나한테 어울리는 거 같아?

B: Give me some recommendations, then. 그럼 추천을 좀 해 줘.

then 그럼, 그러면

Give me your phone number, then. 그럼 그쪽 전화번호를 주세요.

Let's meet up, then. 그럼 만나자.

직접 손영작/입영작 | 핵심 패턴을 사용하여 손으로 영작하고 입으로 영작하세요.

1. 너 일본어 이름 있어? ______________________

2. 난 걔를 Tony라고 불러. ______________________

3. 그건 그녀에게 어울려. ______________________

4. 그럼 같이 공부하자. ______________________

정답 | **1.** Do you have a Japanese name? **2.** I call him Tony. **3.** It suits her. **4.** Let's study together, then.

DAY 013

꼭 원하는 셔츠는 없더라

방송시청 ____회 ▸ 손영작 ____회 ▸ 입영작 ____회 ▸ 반복낭독 ____회

STEP 1 Today's Dialogue | 방송으로 대화를 들으며 빈칸에 알맞은 단어를 최대한 채워 보세요.

A: **I love this ________! I'll take two.**
이 셔츠 엄청 마음에 드네요! 두 개 살게요.

B: **I'm sorry. That's the ________ one we have.**
죄송해요. 그게 저희가 가진 마지막 물건이에요.

A: **Do you have anything ________?** 비슷한 거 뭐라도 있나요?

B: **We have shirts with a ________ print.**
곰돌이 인형 무늬가 있는 셔츠들이 있어요.

STEP 2 빈칸 단어 익히기 | 예문으로 단어의 쓰임을 익히세요.

■ **shirt 셔츠**

I bought another shirt. 나 셔츠 한 개 더 샀어.

Whose shirt is this? 이거 누구 셔츠야?

■ **last 마지막의**

This is your last chance. 이게 네 마지막 기회야.

Today is my last day here. 오늘이 나 여기에서(의) 마지막 날이야.

■ **similar 비슷한**

I have a similar hat. 나 비슷한 모자 있어.

They look similar. 그것들 비슷하게 생겼어.

■ **teddy bear 곰돌이 인형**

Little Mayu loves his teddy bear. 어린 마유는 자기 곰돌이 인형을 사랑해.

What a cute teddy bear! 엄청 귀여운 곰돌이 인형이다!

STEP 3 핵심 패턴 익히기 | 방송을 시청하며 각 문장의 핵심 패턴을 익히세요.

A: I love this shirt! I'll take two. 이 셔츠 엄청 마음에 드네요! 두 개 살게요.

I will take (숫자). (숫자) 개를 살게요.

I will take three. 세 개 살게요.

I will just take one. 그냥 하나만 살게요.

B: I'm sorry. That's the last one we have.

죄송해요. 그게 저희가 가진 마지막 물건이에요.

the last (명사) 마지막 (명사)

This is the last one. 이게 마지막 물건이야.

This is the last chapter. 이게 마지막 장이야.

A: Do you have anything similar? 비슷한 거 뭐라도 있나요?

anything (형용사) (형용사)한 무엇이라도

Do you have anything cheap? 저렴한 거 뭐라도 있나요?

Is there anything cheaper? 더 저렴한 거 뭐라도 있나요?

B: We have shirts with a teddy bear print.

곰돌이 인형 무늬가 있는 셔츠들이 있어요.

with (명사) (명사)가 있는 / (명사)를 가진

I need a room with a queen-size bed. 퀸 사이즈 침대가 있는 방이 필요해요.

I am a man with confidence. 난 자신감을 가진 남자야.

STEP 4 직접 손영작/입영작 | 핵심 패턴을 사용하여 손으로 영작하고 입으로 영작하세요.

1. 다섯 개 살게요. ______________________

2. 오늘이 마지막 날이야. ______________________

3. 매운 거 뭐라도 있나요? ______________________

4. 저희는 싱글 사이즈 침대가 있는 방이 있어요. ______________________

정답 | **1.** I will take five. **2.** Today is the last day. **3.** Do you have anything spicy?
4. We have a room with a single-size bed.

DAY 014 절대 웃지 않는 그녀

방송시청 ____회 ▶ 손영작 ____회 ▶ 입영작 ____회 ▶ 반복낭독 ____회

STEP 1 Today's Dialogue | 방송으로 대화를 들으며 빈칸에 알맞은 단어를 최대한 채워 보세요.

A: I don't think Ashley ________ me.
Ashley가 날 좋아하는 게 아닌 것 같아.

B: Why do you ________ that? 왜 그런 말을 해?

A: She never ________ when she's with me.
나랑 있을 때 절대 웃질 않아.

B: Maybe she has ________ problems.
개인적인 문제가 있을지도 모르지.

STEP 2 빈칸 단어 익히기 | 예문으로 단어의 쓰임을 익히세요.

- **like** 좋아하다

I like this song. 난 이 노래를 좋아해.
Do you like jazz music? 너 재즈 음악 좋아해?

- **say** 말하다

I didn't say that. 나 그런 말 안 했어.
Say something! 뭐라고 말을 해 봐!

- **smile** 미소를 짓다

The baby smiled again. 아기가 또 미소를 지었어.
I smiled at her. 난 그녀에게 미소를 지었어.

- **personal** 개인적인

I had personal reasons. 개인적인 이유가 있었어.
It's personal. 개인적인 거예요.

STEP 3 핵심 패턴 익히기 | 방송을 시청하며 각 문장의 핵심 패턴을 익히세요.

A: I don't think Ashley likes me. Ashley가 날 좋아하는 게 아닌 것 같아.

I don't think + (평서문). 난 (평서문)이라고 생각하지 않아. / (평서문)이 아닌 거 같아.

I don't think it's true. 난 그게 사실이라고 생각하지 않아.

I don't think he loves me. 걔가 날 사랑하는 게 아닌 것 같아.

B: Why do you say that? 왜 그런 말을 해?

Why (질문 어순)? 왜 (질문 어순)이야?

Why did you call me? 왜 나한테 전화했어?

Why do you hate me? 왜 날 싫어해?

A: She never smiles when she's with me. 나랑 있을 때 절대 웃질 않아.

never (동사) 절대 (동사원형)하지 않다

I never lie. 난 절대 거짓말하지 않아.

She never smiles. 걔는 절대 미소 짓지 않아.

B: Maybe she has personal problems. 개인적인 문제가 있을지도 모르지.

Maybe (평서문). (평서문)일지도 모르지.

Maybe he is sick. 걔가 아플지도 모르지.

Maybe she doesn't like pork. 걔가 돼지고기를 안 좋아할지도 모르지.

STEP 4 직접 손영작/입영작 | 핵심 패턴을 사용하여 손으로 영작하고 입으로 영작하세요.

1. 난 네가 수줍다고 생각하지 않아. ______________________

2. 넌 왜 화가 나 있니? ______________________

3. 그는 절대 한국어를 공부하지 않아. ______________________

4. 그녀가 모든 걸 알지도 모르지. ______________________

정답 | **1.** I don't think you are shy. **2.** Why are you mad? **3.** He never studies Korean. **4.** Maybe she knows everything.

DAY 015 갑자기 바뀐 공항 게이트

방송시청 ____회 ▸ 손영작 ____회 ▸ 입영작 ____회 ▸ 반복낭독 ____회

STEP 1 **Today's Dialogue** | 방송으로 대화를 들으며 빈칸에 알맞은 단어를 최대한 채워 보세요.

A: **You're at the wrong gate, ________.**
엉뚱한 게이트에 계시네요, 선생님.

B: **________? Isn't this the gate for Mayu Air 1234?**
네? 여기 Mayu Air 1234편 게이트 아니에요?

A: **You have to go to ________ 5.** 게이트 5번으로 가셔야 합니다.

B: **Oh, I'd better ________. Thanks!**
오, 서두르는 게 좋겠네요. 고마워요!

빈칸 단어 익히기 | 예문으로 단어의 쓰임을 익히세요.

- **sir** 남자를 부르는 존칭 (선생님, 손님)

Please step aside, sir. 옆으로 나와 주세요, 선생님.
Sir, please calm down. 손님, 진정해 주세요.

- **Huh?** 네? / 응? / 뭐?

Huh? But he said... 네? 하지만 그가 말하길…
Huh? Is that true? 응? 그게 사실이야?

- **gate** 게이트, 탑승구

The gate won't open! 게이트(탑승구)가 열릴 생각을 안 해요!
Where is Gate 14? 14번 게이트가 어디죠?

- **hurry** 서두르다

You should hurry. 너 서두르는 게 좋겠다.
No need to hurry. 서두를 필요 없어.

STEP 3 핵심 패턴 익히기 | 방송을 시청하며 각 문장의 핵심 패턴을 익히세요.

A: You're at the wrong gate, sir. 엉뚱한 게이트에 계시네요, 선생님.

at (장소) (장소)에/에서

You are at the wrong building. 엉뚱한 건물에 계세요.

I am at the library. 나 도서관에 있어.

B: Huh? Isn't this the gate for Mayu Air 1234?

네? 여기 Mayu Air 1234편 게이트 아니에요?

Isn't this (명사)? 여기 (명사) 아니에요?

Isn't this Gate 2? 여기 2번 게이트 아니에요?

Isn't this Terminal 2? 여기 2번 터미널 아니에요?

A: You have to go to Gate 5. 게이트 5번으로 가셔야 합니다.

have to (동사원형) (동사원형)해야만 한다

You have to go to Terminal 1. 1번 터미널로 가셔야 합니다.

We have to leave now! 우리 지금 떠나야 돼!

B: Oh, I'd better hurry. Thanks! 오, 서두르는 게 좋겠네요. 고마워요!

had better (동사원형) (동사원형)하는 게 좋을 것이다

You'd better call me back! 너 나한테 다시 전화하는 게 좋을 거야!

They'd better apologize to me. 그들은 나한테 사과하는 게 좋을 거야.

직접 손영작/입영작 | 핵심 패턴을 사용하여 손으로 영작하고 입으로 영작하세요.

1. 나 은행에 있어. ______________________

2. 여기 10번 게이트 아니에요? ______________________

3. 나 곧 이사 나가야 돼. ______________________

4. 너 달리는 게 좋을 거야! ______________________

정답 | **1.** I am at the bank. **2.** Isn't this Gate 10? **3.** I have to move out soon. **4.** You'd better run!

DAY 016

아기들이 울 땐 이유가 있다

방송시청 ____회 ▶ 손영작 ____회 ▶ 입영작 ____회 ▶ 반복낭독 ____회

STEP 1 Today's Dialogue | 방송으로 대화를 들으며 빈칸에 알맞은 단어를 최대한 채워 보세요.

A: **Honey, Mayu won't stop ________.**
여보, 마유가 우는 걸 멈출 생각을 안 해요.

B: **Did you change his ________?** 기저귀 갈아 줬어요?

A: **I did. I even ________ him.** 갈았어요. 맘마도 줬는데.

B: **Let's check if he has a ________.** 열이 있는지 확인해 봅시다.

STEP 2 빈칸 단어 익히기 | 예문으로 단어의 쓰임을 익히세요.

■ **cry** 울다

Don't cry. 울지 마.

Everyone cried. 모두가 울었어.

■ **diaper** 기저귀

Throw out the diaper. 그 기저귀 버려.

Diapers are never cheap. 기저귀는 절대 싸지 않아.

■ **feed** 먹을 것을 주다, 먹여 주다, 먹여 살리다

Did you feed the dog? 개한테 먹을 거 줬어?

She fed her baby. 그녀는 아기에게 맘마를 줬어.

■ **fever** 열

You have a fever! 너 열 있어!

Do I have a fever? 저 열이 있나요?

STEP3 핵심 패턴 익히기 | 방송을 시청하며 각 문장의 핵심 패턴을 익히세요.

A: Honey, Mayu won't stop crying. 여보, 마유가 우는 걸 멈출 생각을 안 해요.

won't (동사원형) (동사원형)할 생각을 안 하다

She won't answer the phone. 걔는 전화 받을 생각을 안 해.

The cars won't move. 차들이 움직일 생각을 안 해.

B: Did you change his diaper? 기저귀 갈아 줬어요?

Did you (동사원형)? 너 (동사원형)했어?

Did you go to the gym? 너 체육관 갔어?

Did you walk your dog? 너 개 산책시켰어?

A: I did. I even fed him. 갈았어요. 맘마도 줬는데.

even 심지어, ~도

I even called him. 나 걔한테 전화도 했어.

It's not even right. 그거 심지어 맞지도 않아.

B: Let's check if he has a fever. 열이 있는지 확인해 봅시다.

if (평서문) (평서문)인지

Let's see if we can fix it. 우리가 그걸 고칠 수 있는지 봅시다.

Check if she is okay. 그녀가 괜찮은지 확인해 봐.

직접 손영작/입영작 | 핵심 패턴을 사용하여 손으로 영작하고 입으로 영작하세요.

1. 그녀가 문을 열 생각을 안 해. ____________________

2. 너 점심 먹었어? ____________________

3. 난 심지어 그의 기저귀도 갈아 줬어. ____________________

4. 내가 현금이 있는지 볼게. ____________________

정답 | **1.** She won't open the door. **2.** Did you have lunch? **3.** I even changed his diaper. **4.** Let me see if I have cash.

DAY 017 외국인 친구 이름 지어 주기 Ⅱ

방송시청 ____회 ▸ 손영작 ____회 ▸ 입영작 ____회 ▸ 반복낭독 ____회

STEP 1 Today's Dialogue | 방송으로 대화를 들으며 빈칸에 알맞은 단어를 최대한 채워 보세요.

A: **How about Hajoon? It's a good ________.**
하준이는 어때? 괜찮은 이름인데.

B: **Oh, I love it! It sounds so ________!**
오, 엄청 좋아! 아주 독특한 거 같아!

A: **You know what? I ________ my mind.**
있잖아. 마음이 바뀌었어.

B: **It's too ________. From now on, call me Hajoon Bint.** 너무 늦었어. 이제부턴 날 하준 Bint라고 불러.

STEP 2 빈칸 단어 익히기 | 예문으로 단어의 쓰임을 익히세요.

■ **name** 이름

Is your name Mayu? 네 이름이 마유니?

What's her name? 걔 이름은 뭐야?

■ **unique** 독특한

That's a unique color! 독특한 색이다!

I want a unique name. 난 독특한 이름을 원해.

■ **change** 바꾸다

I changed my phone. 나 전화기 바꿨어.

Change your password. 네 비밀번호를 바꿔.

■ **late** 늦은

You are late. 자네 늦었군.

I am sorry for the late response. 답변을 늦게 드려 죄송해요.

STEP 3 핵심 패턴 익히기 | 방송을 시청하며 각 문장의 핵심 패턴을 익히세요.

A: How about Hajoon? It's a good name. 하준이는 어때? 괜찮은 이름인데.

How about (명사)? (명사)는 어때?

How about Sebastian? Sebastian은 어때?

How about Friday afternoon? 금요일 오후는 어때?

B: Oh, I love it! It sounds so unique! 오, 엄청 좋아! 아주 독특한 거 같아!

sound (형용사) (들어 보니) (형용사)한 것 같다

It sounds fair. 그거 공평한 거 같네.

It sounds boring. 그거 지루할 거 같아.

A: You know what? I changed my mind. 있잖아. 마음이 바뀌었어.

change one's mind 마음을 바꾸다 (마음이 바뀌다)

She changed her mind. 걔는 마음이 바뀌었어.

Don't change your mind. 마음 바꾸지 마.

B: It's too late. From now on, call me Hajoon Bint.
너무 늦었어. 이제부턴 날 하준 Bint라고 불러.

from now on 이제부터

From now on, you are my girlfriend. 이제부터, 넌 내 여자 친구야.

From now on, I will call you Eddie. 이제부터, 난 널 Eddie라고 부를 거야.

직접 손영작/입영작 | 핵심 패턴을 사용하여 손으로 영작하고 입으로 영작하세요.

1. 지금은 어때? ____________________

2. 그거 (들어 보니) 흥미로운 거 같아. ____________________

3. 너 마음이 바뀌었니? ____________________

4. 이제부터, 우린 친구야. ____________________

정답 | **1.** How about now? **2.** It sounds interesting. **3.** Did you change your mind? **4.** From now on, we are friends.

DAY 018

선택적 남은 음식 포장

방송시청 _____회 ▶ 손영작 _____회 ▶ 입영작 _____회 ▶ 반복낭독 _____회

STEP 1 Today's Dialogue | 방송으로 대화를 들으며 빈칸에 알맞은 단어를 최대한 채워 보세요.

A: I'd like to take __________ to go. 이것들 포장해 가고 싶은데요.

B: You can take the burger, but we don't have a __________ for the soup.
버거는 가져가셔도 되는데, 수프용 용기는 없어요.

A: That's fine. I just want the __________.
괜찮아요. 그냥 버거면 돼요.

B: I'll be back with a __________, then.
그럼 상자를 가지고 돌아올게요.

STEP 2 빈칸 단어 익히기 | 예문으로 단어의 쓰임을 익히세요.

- **these** 이것들

I want these for my daughter. 내 딸을 위해 이것들을 사고 싶어.
These are my favorite colors. 이것들이 내가 가장 좋아하는 색이야.

- **container** 용기

Do you have a small container? 작은 용기 있어?
Put the carrots in a container. 그 당근들을 용기에 담아.

- **burger** 버거

Can I have that burger? 저 그 버거 먹어도 돼요?
The burger is mine. 그 버거 내 거야.

- **box** 상자

Open the box. 상자를 열어 봐.
The boxes are heavy. 상자들이 무거워.

STEP3 **핵심 패턴 익히기** | 방송을 시청하며 각 문장의 핵심 패턴을 익히세요.

A: **I'd like to take these to go.** 이것들 포장해 가고 싶은데요.

take (명사) to go (명사)를 포장해 가다

I want to take these to go. 이것들 포장해 가고 싶어요.

I want to take these leftovers to go. 이 남은 음식 포장해 가고 싶어요.

B: **You can take the burger, but we don't have a container for the soup.** 버거는 가져가셔도 되는데, 수프용 용기는 없어요.

but ~인데, ~이지만

You can go, but I will stay here. 넌 가도 되지만, 난 여기 남을 거야.

I like fried chicken, but he doesn't.
난 프라이드치킨을 좋아하는데, 걔는 안 좋아해.

A: **That's fine. I just want the burger.** 괜찮아요. 그냥 버거면 돼요.

just want (명사) (명사)만 있으면 된다

I just want the fries. 난 그 프라이만 있으면 돼.

I just want the bread. 난 그 빵만 있으면 돼.

B: **I'll be back with a box, then.** 그럼 상자를 가지고 돌아올게요.

be back 돌아오다

I will be back soon. 금방 돌아올게.

When will you be back? 너 언제 돌아올 거야?

직접 손영작/입영작 | 핵심 패턴을 사용하여 손으로 영작하고 입으로 영작하세요.

1. 이것들을 포장해 가고 싶으신가요? ____________________

2. 전 한국인이지만, 영어를 해요. ____________________

3. 난 그 면만 있으면 돼. ____________________

4. 난 내일 돌아올 거야. ____________________

정답 | **1.** Would you like to take these to go? **2.** I am Korean, but I speak English. **3.** I just want the noodles. **4.** I will be back tomorrow.

DAY 019

오늘은 과장님 심기 건드리지 마

방송시청 ____회 ▸ 손영작 ____회 ▸ 입영작 ____회 ▸ 반복낭독 ____회

STEP 1 Today's Dialogue | 방송으로 대화를 들으며 빈칸에 알맞은 단어를 최대한 채워 보세요.

A: What's up with the ________? 과장님 왜 저러셔?

B: She's in a ________ mood. 기분이 안 좋으셔.

A: Is it because of ________? 우리 때문이야?

B: No, it's because she didn't get a ________.
아니, 승진을 못 하셔서 그래.

STEP 2 빈칸 단어 익히기 | 예문으로 단어의 쓰임을 익히세요.

- **boss** 상사

Let me talk to your boss. 당신의 상사와 얘기할게요.

Who is your boss? 당신 상사는 누구죠?

- **bad** 나쁜, 안 좋은

The situation is bad. 상황이 안 좋아.

It was a bad choice. 그건 나쁜 선택이었어.

- **us** 우리 (목적어)

Dad loves us. 아빠는 우릴 사랑해.

Throw the ball to us. 그 공을 우리에게 던져 줘.

- **promotion** 승진

I need a promotion. 난 승진이 필요해.

She deserves a promotion. 그녀는 승진을 할 만해.

STEP 3 핵심 패턴 익히기 | 방송을 시청하며 각 문장의 핵심 패턴을 익히세요.

A: What's up with the boss? 과장님 왜 저러셔?

What's up + with (목적어)? (목적어)는 왜 저러는 거야? / (목적어)에게 무슨 문제가 있는 거야?

What's up with you? 너 왜 그래?

What's up with your friend? 네 친구 왜 저래?

B: She's in a bad mood. 기분이 안 좋으셔.

in a bad mood 기분이 안 좋은

The teacher is in a bad mood. 선생님은 기분이 안 좋으셔.

Is she still in a bad mood? 걔 아직도 기분이 안 좋니?

A: Is it because of us? 우리 때문이야?

because of (목적어) (목적어) 때문인/때문에

It's because of you. 그건 너 때문이야.

He failed because of me. 걔는 나 때문에 실패했어.

B: No, it's because she didn't get a promotion.
아니, 승진을 못 하셔서 그래.

get a promotion 승진하다

I finally got a promotion! 나 마침내 승진했어!

Will I get a promotion? 제가 승진할까요?

STEP 4 직접 손영작/입영작 | 핵심 패턴을 사용하여 손으로 영작하고 입으로 영작하세요.

1. 너의 언니는 왜 저러는 거야? ____________________

2. 그들은 기분이 안 좋아. ____________________

3. 그건 그녀 때문이야. ____________________

4. Peter가 승진했어. ____________________

정답 | **1.** What's up with your sister? **2.** They are in a bad mood. **3.** It's because of her. **4.** Peter got a promotion.

DAY 020 잠겨 있는 비행기 화장실

방송시청 _____회 ▸ 손영작 _____회 ▸ 입영작 _____회 ▸ 반복낭독 _____회

STEP 1 Today's Dialogue | 방송으로 대화를 들으며 빈칸에 알맞은 단어를 최대한 채워 보세요.

A: Is someone using the __________? 누가 화장실 쓰고 있는 건가요?

B: I think so. It says '__________'.
그런 거 같은데요. '사용 중'이라고 되어 있네요.

A: Well, it's been like that __________.
음, 한동안 그렇게 되어 있는데요.

B: __________. Let me check. 알겠습니다. 확인해 볼게요.

STEP 2 빈칸 단어 익히기 | 예문으로 단어의 쓰임을 익히세요.

- **toilet** 화장실 / 변기
  Can I use the toilet? 화장실 써도 될까요?
  I flushed the toilet. 나 변기 물 내렸어.

- **occupied** 사용 중인
  The restroom is occupied. 그 화장실은 사용 중입니다.
  The conference room is currently occupied. 회의실은 현재 사용 중입니다.

- **for a while** 한동안, 당분간
  I worked there for a while. 나 거기서 한동안 일했어.
  I will be here for a while. 나 여기 당분간 있을 거야.

- **All right.** 알겠습니다.
  All right. I will do that. 알겠습니다. 그렇게 할게요.
  All right. Call me later. 알겠어. 나중에 전화해.

STEP3 **핵심 패턴 익히기** | 방송을 시청하며 각 문장의 핵심 패턴을 익히세요.

A: Is someone using the toilet? 누가 화장실 쓰고 있는 건가요?

be [~ing] (~ing)하고 있다

Are you using this computer? 너 이 컴퓨터 쓰고 있니?

Is she taking the test? 걔는 그 시험을 보고 있니?

B: I think so. It says 'occupied'. 그런 거 같은데요. '사용 중'이라고 되어 있네요.

It says ~. ~라고 되어/써 있다.

It says 'no pets allowed'. '반려동물 출입 금지'라고 되어 있어.

It says 'women'. '여성'이라고 써 있어.

A: Well, it's been like that for a while. 음, 한동안 그렇게 되어 있는데요.

like (명사) (명사) 같은

He is like that when he is nervous. 걔는 긴장하면 그래.

I am not like that. 난 그것 같지 않아. (난 안 그래.)

B: All right. Let me check. 알겠습니다. 확인해 볼게요.

Let me (동사원형). (동사원형)할게요.

Let me ask you again. 다시 여쭤볼게요.

Let me ask my mom. 우리 엄마한테 물어볼게.

직접 손영작/입영작 | 핵심 패턴을 사용하여 손으로 영작하고 입으로 영작하세요.

1. 누군가 이 프린터를 쓰고 계신가요? ______________________

2. '한국'이라고 되어 있어. ______________________

3. 저희는 그것 같지 않아요. (저희는 안 그래요.) ______________________

4. 제가 당신에게 (나중에) 다시 전화할게요. ______________________

정답 | **1.** Is someone using this printer? **2.** It says 'Korea'. **3.** We are not like that. **4.** Let me call you back.

DAY 021 상자는 미리 버리는 거 아니야

방송시청 _____회 ▸ 손영작 _____회 ▸ 입영작 _____회 ▸ 반복낭독 _____회

STEP 1 Today's Dialogue | 방송으로 대화를 들으며 빈칸에 알맞은 단어를 최대한 채워 보세요.

A: Honey, I think we need a smaller __________.
여보, 우리 더 작은 유모차 필요한 거 같아.

A: This doesn't fit in the __________. 이건 트렁크에 안 맞네.

B: Oh, no. I __________ threw out the box.
오, 이런. 벌써 상자 버렸는데.

B: I hope we can __________. 환불 받을 수 있으면 좋겠네.

STEP 2 빈칸 단어 익히기 | 예문으로 단어의 쓰임을 익히세요.

■ **stroller 유모차**

This stroller is made in Korea. 이 유모차는 한국에서 만들어져.
The stroller folded easily. 그 유모차는 쉽게 접혔어.

■ **trunk 트렁크**

Put the box in the trunk. 그 상자를 트렁크에 넣어.
The trunk was empty. 그 트렁크는 비어 있었어.

■ **already 이미, 벌써**

Are you already done? 너 벌써 마쳤어?
We are already in Gangnam. 우리 벌써 강남이야.

■ **get a refund 환불을 받다**

I got a refund. 나 환불 받았어.
Did you get a refund? 너 환불 받았니?

STEP 3 **핵심 패턴 익히기** | 방송을 시청하며 각 문장의 핵심 패턴을 익히세요.

A: Honey, I think we need a smaller stroller.

여보, 우리 더 작은 유모차 필요한 거 같아.

I think + (평서문). 난 (평서문)이라고 생각해. / (평서문)인 것 같아.

I think you are beautiful. 난 네가 아름답다고 생각해.

I think we need one more. 우리 하나 더 필요한 거 같아.

A: This doesn't fit in the trunk. 이건 트렁크에 안 맞네.

fit + in (명사) (명사)에 크기가 맞다/들어가다

It fits in the backseat. 그거 뒷좌석에 들어가.

The bed doesn't fit in my room. 그 침대 내 방에 안 맞아.

B: Oh, no. I already threw out the box. 오, 이런. 벌써 상자 버렸는데.

throw out (명사) (명사)를 버리다

Don't throw out the box yet. 그 상자 아직 버리지 마.

I threw it out already. 나 그거 벌써 버렸어.

B: I hope we can get a refund. 환불 받을 수 있으면 좋겠네.

I hope + (평서문). (평서문)이면 좋겠어. / (평서문)이길 바라.

I hope you pass the exam. 네가 그 시험을 패스하면 좋겠다.

I hope it doesn't rain. 비가 안 오면 좋겠어.

STEP 4 **직접 손영작/입영작** | 핵심 패턴을 사용하여 손으로 영작하고 입으로 영작하세요.

1. 난 네가 나보다 더 똑똑하다고 생각해. ______________________

2. 그 의자는 트렁크에 안 맞아. ______________________

3. 너 왜 그걸 버렸니? ______________________

4. 내일 눈이 안 오면 좋겠네. ______________________

정답 | **1.** I think you are smarter than me. **2.** The chair doesn't fit in the trunk. **3.** Why did you throw it out? **4.** I hope it doesn't snow tomorrow.

DAY 022 제발 좀 열심히 공부하자

방송시청 _____회 ▶ 손영작 _____회 ▶ 입영작 _____회 ▶ 반복낭독 _____회

STEP 1 Today's Dialogue | 방송으로 대화를 들으며 빈칸에 알맞은 단어를 최대한 채워 보세요.

A: Gosh, I bombed the __________ test again.
휴, 물리 시험 또 망쳤네.

B: Again? You should've studied __________.
또? 더 열심히 공부했어야지.

B: You __________ slack off, man. 넌 항상 게으름 피우잖아, 야.

A: I know. I was too __________. 알아. 내가 너무 게을렀어.

STEP 2 빈칸 단어 익히기 | 예문으로 단어의 쓰임을 익히세요.

- **physics** 물리학

I took the physics test. 나 그 물리학 시험 쳤어.
I majored in physics. 나 물리학 전공했어.

- **harder** 더 열심히 / 더 세게

You have to work harder. 너 더 열심히 일해야 돼.
Push it harder. 그걸 더 세게 밀어.

- **always** 항상

I always wake up late. 난 항상 늦게 일어나.
You are always early! 넌 항상 일찍 오는구나!

- **lazy** 게으른

You are a lazy person. 넌 게으른 사람이야.
Why are you so lazy? 넌 왜 그렇게 게으르니?

STEP 3 **핵심 패턴 익히기** | 방송을 시청하며 각 문장의 핵심 패턴을 익히세요.

A: **Gosh, I bombed the physics test again.** 휴, 물리 시험 또 망쳤네.

bomb (명사) (명사)를 망치다

I bombed the geography test. 나 그 지리학 시험 망쳤어.

I bombed the audition. 나 그 오디션 망쳤어.

B: **Again? You should've studied harder.** 또? 더 열심히 공부했어야지.

should have (p.p.) (p.p.)했어야 했다

I should have learned English. 내가 영어를 배웠어야 했는데.

You should have come! 너 왔어야 했어!

B: **You always slack off, man.** 넌 항상 게으름 피우잖아, 야.

slack off 게으름 피우다

Don't slack off, guys. 얘들아, 게으름 피우지 마.

Stop slacking off! 그만 게으름 피워!

A: **I know. I was too lazy.** 알아. 내가 너무 게을렀어.

too (형용사) 너무 (형용사)한

I was too greedy. 내가 너무 욕심이 많았어.

It was too dark. 너무 어두웠어.

STEP 4 **직접 손영작/입영작** | 핵심 패턴을 사용하여 손으로 영작하고 입으로 영작하세요.

1. 나 그 수학 시험 또 망쳤어. ____________________

2. 우리 Peter한테 물어봤어야 했어. ____________________

3. 넌 왜 항상 게으름을 피우니? ____________________

4. 우린 너무 지루했어. ____________________

정답 | **1.** I bombed the math test again. **2.** We should have asked Peter. **3.** Why do you always slack off? **4.** We were too bored.

DAY 023 유모차도 종류가 다양하다

방송시청 _____회 ▸ 손영작 _____회 ▸ 입영작 _____회 ▸ 반복낭독 _____회

STEP 1 Today's Dialogue | 방송으로 대화를 들으며 빈칸에 알맞은 단어를 최대한 채워 보세요.

A: Is this a __________ stroller for a 6-month-old?
이거 6개월 된 아이한테 괜찮은 유모차인가요?

B: Yes, but it's a little bit __________. 그렇긴 한데 약간 무겁습니다.

A: Hmm. I'm looking for a __________ stroller so...
흠. 휴대하기 쉬운 유모차를 찾고 있어서요…

B: Go for this one. It only __________ 10 pounds.
이걸로 하세요. 겨우 10파운드밖에 안 나가요.

STEP 2 빈칸 단어 익히기 | 예문으로 단어의 쓰임을 익히세요.

- **good** 괜찮은

Is this a good vacuum cleaner? 이거 괜찮은 진공청소기인가요?
That one's pretty good. 그거 꽤 괜찮아요.

- **heavy** 무거운

The suitcase was heavy. 그 여행 가방은 무거웠어.
It's not so heavy. 그건 그렇게 무겁진 않아.

- **portable** 휴대하기 쉬운, 휴대용의

This is a portable chair. 이건 휴대용 의자입니다.
I need a portable stroller. 전 휴대용 유모차가 필요해요.

- **weigh** 무게가 나가다

I weigh 100 pounds. 난 100파운드가 나가.
The desk weighs 20 pounds. 그 책상은 20파운드가 나가.

STEP3 핵심 패턴 익히기 | 방송을 시청하며 각 문장의 핵심 패턴을 익히세요.

A: Is this a good stroller for a 6-month-old?

이거 6개월 된 아이한테 괜찮은 유모차인가요?

a (숫자)-month-old (숫자)개월 된 아이

We have a 4-month-old. 저희는 4개월 된 아이가 있어요.

She is a 12-month-old. 그 아이는 12개월 된 아이예요.

B: Yes, but it's a little bit heavy. 그렇긴 한데 약간 무겁습니다.

a little bit (형용사) 약간 (형용사)한

I am a little bit nervous. 나 약간 긴장돼.

It's a little bit expensive. 그건 약간 비싸요.

A: Hmm. I'm looking for a portable stroller so...

흠. 휴대하기 쉬운 유모차를 찾고 있어서요…

look + for (명사) (명사)를 찾다

I am looking for a used car. 전 중고차를 찾고 있어요.

Are you looking for a job? 너 일자리 찾고 있니?

B: Go for this one. It only weighs 10 pounds.

이걸로 하세요. 겨우 10파운드밖에 안 나가요.

go + for (명사) (명사)를 선택하다

Go for this yellow one. 이 노란색 제품으로 선택하세요.

I want to go for that one. 난 저걸로 (선택)할래.

직접 손영작/입영작 | 핵심 패턴을 사용하여 손으로 영작하고 입으로 영작하세요.

1. 저희는 5개월 된 아이가 있어요. ______________________

2. 그건 약간 헷갈려. ______________________

3. 저희는 중고 트럭을 찾고 있어요. ______________________

4. 이걸로 (선택)하고 싶으신가요? ______________________

정답 | **1.** We have a 5-month-old. **2.** It's a little bit confusing. **3.** We are looking for a used truck. **4.** Do you want to go for this one?

DAY 024

나 기억력 좋거든?

방송시청 _____회 ▸ 손영작 _____회 ▸ 입영작 _____회 ▸ 반복낭독 _____회

STEP 1 Today's Dialogue | 방송으로 대화를 들으며 빈칸에 알맞은 단어를 최대한 채워 보세요.

A: It's your turn to __________ lunch today.
오늘 네가 점심 살 차례야.

B: But I __________ last time... 그렇지만 지난번에 내가 냈잖아…

B: I bought you lunch because it was your birthday. __________? 네 생일이라서 내가 너한테 점심 사 줬잖아. 기억 나?

A: Oh, yeah. That's __________. My bad. 아, 그렇지. 맞네. 내 실수.

STEP 2 빈칸 단어 익히기 | 예문으로 단어의 쓰임을 익히세요.

- **buy** 사다

I want to buy it. 나 그거 사고 싶어.

She bought a fancy dress. 걔는 화려한 드레스를 샀어.

- **pay** 지불하다, 내다

I already paid. 저 벌써 냈어요.

Did you pay for this? 이 물건 값 지불하셨나요?

- **remember** 기억하다

I don't remember that. 나 그거 기억 안 나.

Do you remember the day? 너 그날 기억 나?

- **true** 진실인, 사실인, 맞는

It's true. 그것은 사실입니다.

I thought it was true. 난 그게 맞는 말인 줄 알았어.

STEP3 핵심 패턴 익히기 | 방송을 시청하며 각 문장의 핵심 패턴을 익히세요.

A: It's your turn to buy lunch today. **오늘 네가 점심 살 차례야.**

It's your turn + to **(동사원형).** 네가 (동사원형)할 차례야.

It's your turn to wash the dishes. 네가 설거지할 차례야.

It's your turn to pick him up. 당신이 그를 픽업할 차례야.

B: But I paid last time... **그렇지만 지난번에 내가 냈잖아…**

last time 지난번에

I picked up the bill last time. 내가 지난번에 밥값을 냈어.

I drove last time! 내가 지난번에 운전했잖아!

B: I bought you lunch because it was your birthday. Remember?

네 생일이라서 내가 너한테 점심 사 줬잖아. 기억 나?

because **(평서문)** (평서문)이라서/이니까/이기 때문에

I was sad because you were not there. 네가 거기 없어서 슬펐어.

I am happy because today is Friday. 오늘이 금요일이라서 행복해.

A: Oh, yeah. That's true. My bad. **아, 그렇지. 맞네. 내 실수.**

My bad. 내 실수.

My bad. I didn't see you. 내 실수. 내가 널 못 봤네.

You are right. My bad! 네 말이 맞네. 내 실수!

직접 손영작/입영작 | 핵심 패턴을 사용하여 손으로 영작하고 입으로 영작하세요.

1. 네가 요리할 차례야. ______________________

2. 우리 지난번에 동물원에 갔어. ______________________

3. 마유가 내 선생님이라서 기뻐. ______________________

4. 내 실수! ______________________

정답 | **1.** It's your turn to cook. **2.** We went to the zoo last time. **3.** I am glad because Mayu is my teacher. **4.** My bad!

DAY 025

멕시코 국경 넘어가기

방송시청 _____회 ▶ 손영작 _____회 ▶ 입영작 _____회 ▶ 반복낭독 _____회

STEP 1 Today's Dialogue | 방송으로 대화를 들으며 빈칸에 알맞은 단어를 최대한 채워 보세요.

A: Do I need my __________ to visit Mexico?
멕시코 방문하려면 여권이 필요한가요?

B: Yes, you need it to cross the __________.
네, 국경을 넘기 위해 필요합니다.

B: There is tight __________. 보안이 철저하거든요.

A: Thank goodness I __________. 여쭤봐서 참 다행이네요.

빈칸 단어 익히기 | 예문으로 단어의 쓰임을 익히세요.

■ **passport** 여권

I forgot my passport. 나 여권을 잊었어. (깜빡하고 안 가져 왔어.)

Don't lose your passport. 너 여권 잃어버리지 마.

■ **border** 국경

We crossed the border safely. 우린 안전하게 국경을 넘었어.

They are patrolling the American border. 그들은 미국 국경을 순찰 중이야.

■ **security** 보안

Security was tight at the event. 그 행사장에는 보안이 철저했어.

Call security. 보안(요원들)을 불러.

■ **ask** 물어보다 / 부탁하다

Ask Mayu anything. 마유에게 뭐든지 물어보세요.

Can I ask you something? 뭐 좀 여쭤봐도 돼요?

STEP 3 핵심 패턴 익히기 | 방송을 시청하며 각 문장의 핵심 패턴을 익히세요.

A: Do I need my passport to visit Mexico?

멕시코 방문하려면 여권이 필요한가요?

to (동사원형) (동사원형)하기 위해/하려면

I learned English to make friends. 난 친구를 사귀기 위해 영어를 배웠어.

You need shoes to run. 너 달리려면 신발이 필요해.

B: Yes, you need it to cross the border. **네, 국경을 넘기 위해 필요합니다.**

cross (명사) (명사)를 건너다/넘다

We are crossing the street. 우린 길을 건너고 있어.

They crossed the border. 그들은 그 국경을 넘었어.

B: There is tight security. **보안이 철저하거든요.**

There is/are (명사). (명사)가 있다.

There is an issue. 문제가 있어.

There are new rules. 새로운 규칙들이 있습니다.

A: Thank goodness I asked. **여쭤봐서 참 다행이네요.**

Thank goodness + (평서문). (평서문)이라 참 다행이다.

Thank goodness they are safe. 그들이 안전해서 참 다행이야.

Thank goodness we are not late. 우리가 안 늦어서 참 다행이다.

STEP 4 직접 손영작/입영작 | 핵심 패턴을 사용하여 손으로 영작하고 입으로 영작하세요.

1. 너 캐나다 방문하려면 네 여권이 필요해. ____________________

2. 그 다리를 건너자. ____________________

3. 여기 뭔가 있어. ____________________

4. 네가 여기 있어서 참 다행이다. ____________________

정답 | **1.** You need your passport to visit Canada. **2.** Let's cross the bridge. **3.** There is something here. **4.** Thank goodness you are here.

DAY 026 군 복무 중인 아들아, 힘내!

방송시청 _____회 ▸ 손영작 _____회 ▸ 입영작 _____회 ▸ 반복낭독 _____회

STEP 1 Today's Dialogue | 방송으로 대화를 들으며 빈칸에 알맞은 단어를 최대한 채워 보세요.

A: **When did your son join the __________?**
아들이 언제 군 입대했지?

B: **It's been 6 __________.** 6개월 됐지.

A: **You must really __________ him.** 진짜 보고 싶겠네.

B: **I do. I hope he comes back __________.**
그렇지. 안전하게 돌아오면 좋겠어.

STEP 2 빈칸 단어 익히기 | 예문으로 단어의 쓰임을 익히세요.

- **army** 군대, 육군

My brother is in the army. 우리 형은 군대에 있어.
I served in the army for 2 years. 난 2년간 군 복무를 했어.

- **month** 개월, 월

3 months have passed. 3개월이 지났어.
I waited for months. 난 수개월을 기다렸어.

- **miss** 그리워하다, 보고 싶어 하다

I miss you. 네가 보고 싶어.
She misses her ex-boyfriend. 걔는 전 남자 친구를 그리워해.

- **safely** 안전하게

Come back safely. 안전하게 돌아와.
The plane landed safely. 그 비행기는 안전하게 착륙했어.

STEP 3 핵심 패턴 익히기 | 방송을 시청하며 각 문장의 핵심 패턴을 익히세요.

A: When did your son join the army? 아들이 언제 군 입대했지?

join the army 군 입대하다

My nephew just joined the army. 내 조카가 방금 군 입대했어.

Andy joined the army 6 months ago. Andy는 6개월 전에 군 입대했어.

B: It's been 6 months. 6개월 됐지.

It's been (기간). (기간)이 됐다/지났다.

It's been 3 hours. 3시간이 지났어.

It's been a long time. 오랜 시간이 지났어.

A: You must really miss him. 진짜 보고 싶겠네.

must (동사원형) 분명히 (동사원형)할 것이다

You must really love him. 당신은 (분명) 그를 사랑하나 보군요.

She must be bored. 걔는 (분명) 지루하겠어.

B: I do. I hope he comes back safely. 그렇지. 안전하게 돌아오면 좋겠어.

I hope + (평서문). (평서문)이면 좋겠어. / (평서문)이길 바라.

I hope you come back soon. 네가 금방 돌아오면 좋겠어.

I hope everything is okay. 전부 괜찮으면 좋겠다.

직접 손영작/입영작 | 핵심 패턴을 사용하여 손으로 영작하고 입으로 영작하세요.

1. 그는 지난주에 군 입대했어. ______________________

2. 3주가 됐어(지났어). ______________________

3. 당신은 (분명) 당신의 딸이 보고 싶겠네요. ______________________

4. 그들이 내게 전화하면 좋겠어. ______________________

정답 | **1.** He joined the army last week. **2.** It's been 3 weeks. **3.** You must miss your daughter. **4.** I hope they call me.

DAY 027 스쿨존에선 더 조심하라고

방송시청 ____회 ▸ 손영작 ____회 ▸ 입영작 ____회 ▸ 반복낭독 ____회

STEP 1 Today's Dialogue | 방송으로 대화를 들으며 빈칸에 알맞은 단어를 최대한 채워 보세요.

A: Look out! There's a __________! 조심해! 아이가 있어!

B: Oh, I __________ didn't see him. 오, 못 볼 뻔했네.

A: Be careful, man. It's a __________. 조심해, 야. 스쿨존이잖아.

B: I know. I should __________. 알아. 속도 줄여야겠어.

STEP 2 빈칸 단어 익히기 | 예문으로 단어의 쓰임을 익히세요.

- **child** 아이

Whose child is she? 그녀는 누구의 아이지?

There are many children. 아이들이 많아.

- **almost** 거의

It's almost 12! 거의 12시야!

I am almost done. 나 거의 다 마쳤어.

- **school zone** 스쿨존, 어린이 보호 구역

Are we in a school zone? 우리 스쿨존에 있는 거야?

There is no school zone around here. 이 근처엔 스쿨존이 없어.

- **slow down** 속도를 줄이다

Why don't you slow down? 속도를 줄이는 게 어때?

The driver didn't slow down. 그 운전자는 속도를 안 줄였어.

STEP3 핵심 패턴 익히기 | 방송을 시청하며 각 문장의 핵심 패턴을 익히세요.

A: **Look out! There's a child!** 조심해! 아이가 있어!

look out 조심하다

Look out! There's a car! 조심해! 차가 있어!

Look out for the bike! 오토바이 조심해!

B: **Oh, I almost didn't see him.** 오, 못 볼 뻔했네.

almost (과거동사) (과거동사)할 뻔했다

I almost missed it. 그걸 놓칠 뻔했네.

I almost didn't see the car. 그 차를 못 볼 뻔했어.

A: **Be careful, man. It's a school zone.** 조심해, 야. 스쿨존이잖아.

Be (형용사). (형용사)해.

Be calm. 침착해.

Be quiet. 조용히 해.

B: **I know. I should slow down.** 알아. 속도 줄여야겠어.

should (동사원형) (동사원형)해야겠다/하는 게 좋겠다

I should go home. 나 집에 가야겠어.

You should be careful. 너 조심하는 게 좋겠어.

직접 손영작/입영작 | 핵심 패턴을 사용하여 손으로 영작하고 입으로 영작하세요.

1. 조심해! 벽이 있어! ______________________

2. 나 넘어질 뻔했어. ______________________

3. 친절하도록 해. (친절하게 행동해.) ______________________

4. 나 살 빼야겠어. ______________________

정답 | **1.** Look out! There's a wall! **2.** I almost fell down. **3.** Be kind. **4.** I should lose weight.

DAY 028 이래 봬도 모델입니다

방송시청 ____회 ▸ 손영작 ____회 ▸ 입영작 ____회 ▸ 반복낭독 ____회

STEP 1 Today's Dialogue | 방송으로 대화를 들으며 빈칸에 알맞은 단어를 최대한 채워 보세요.

A: **Wow, you have a __________ sense of style!**
와, 스타일 감각 아주 좋으시네요!

B: **I get that a lot. I'm a fashion __________.**
그런 말 자주 들어요. 패션모델이거든요.

A: **Really? But you're not that __________.**
아, 그래요? 그런데 키가 그렇게 크진 않으신데.

B: **Well, I'm a __________ model.** 음, 손 모델입니다.

STEP 2 빈칸 단어 익히기 | 예문으로 단어의 쓰임을 익히세요.

- **great** 아주 좋은

You have a great voice! 당신 목소리가 아주 좋네요!
The trip was great. 여행은 아주 좋았어.

- **model** 모델

Are you a model? 모델이세요?
Mayu worked as a model. 마유는 모델로 일했어.

- **tall** 키가 큰

Peter is tall. Peter는 키가 커.
I saw a tall animal. 난 키가 큰 동물을 봤어.

- **hand** 손

Use your hands. 손을 사용해.
Did you wash your hands? 너 손 씻었어?

STEP 3 **핵심 패턴 익히기** | 방송을 시청하며 각 문장의 핵심 패턴을 익히세요.

A: **Wow, you have a great sense of style!** 와, 스타일 감각 아주 좋으시네요!

a sense of (명사) (명사) 감각

She has a good sense of style. 걔는 스타일 감각이 좋아.

You have a sense of humor. 유머 감각이 있으시네요.

B: **I get that a lot. I'm a fashion model.**

그런 말 자주 들어요. 패션모델이거든요.

a lot 많이

I ate a lot. 나 많이 먹었어.

We paid a lot. 우린 돈 많이 냈어.

A: **Really? But you're not that tall.**

아, 그래요? 그런데 키가 그렇게 크진 않으신데.

that (형용사) 그렇게 (형용사)한

You are not that funny. 너 그렇게 웃기진 않아.

Am I that pretty? 내가 그렇게 예뻐?

B: **Well, I'm a hand model.** 음, 손 모델입니다.

be (명사) (명사)이다

I am a taxi driver. 저는 택시 기사입니다.

She is my cousin. 걔는 내 사촌이야.

STEP 4 **직접 손영작/입영작** | 핵심 패턴을 사용하여 손으로 영작하고 입으로 영작하세요.

1. 내 여자 친구는 스타일 감각이 좋아. ______________________

2. 우린 많이 웃었어. ______________________

3. 그건 그렇게 작지는 않아. ______________________

4. 저희는 그의 부모입니다. ______________________

정답 | 1. My girlfriend has a great sense of style. 2. We laughed a lot. 3. It's not that small. 4. We are his parents.

DAY 029

아기랑 놀아 주기로 했잖아

방송시청 ____ 회 ▸ 손영작 ____ 회 ▸ 입영작 ____ 회 ▸ 반복낭독 ____ 회

STEP 1 Today's Dialogue | 방송으로 대화를 들으며 빈칸에 알맞은 단어를 최대한 채워 보세요.

A: **Aren't you going to ________ with Mayu?**
마유랑 안 놀아 줄 거야?

B: **I can't. I have ________ to do.** 못 놀아 줘. 할 일이 있어.

A: **But you ________. He needs you.**
그래도 약속했잖아. 마유는 아빠가 필요하다고.

B: **Right. I'll ________ do work later.** 그래. 그냥 일은 나중에 할게.

STEP 2 빈칸 단어 익히기 | 예문으로 단어의 쓰임을 익히세요.

■ **play** 놀다

The kids are playing outside. 아이들은 밖에서 놀고 있어요.
Go and play with your friends. 가서 친구들이랑 놀으렴.

■ **work** 일

I have too much work. 난 일이 너무 많아.
Do you have work tomorrow? 너 내일 일 있어?

■ **promise** 약속하다

Do you promise? 너 약속해?
I can't promise you that. 그건 네게 약속 못하겠어.

■ **just** 그냥

I will just do it now. 그거 그냥 지금 할게.
Just give up. 그냥 포기해.

STEP 3 핵심 패턴 익히기 | 방송을 시청하며 각 문장의 핵심 패턴을 익히세요.

A: Aren't you going to play with Mayu? 마유랑 안 놀아 줄 거야?

Aren't you going to (동사원형)? 너 (동사원형) 안 할 거야?

Aren't you going to go to bed? 너 자러 안 갈 거야?

Aren't you going to watch it? 너 그거 안 볼 거야?

B: I can't. I have work to do. 못 놀아 줘. 할 일이 있어.

have work to do 할 일이 있다

We have work to do. 우린 할 일이 있어.

She has too much work to do. 걔는 할 일이 너무 많아.

A: But you promised. He needs you.

그래도 약속했잖아. 마유는 아빠가 필요하다고.

need (명사) (명사)가 필요하다

I need your love. 난 네 사랑이 필요해.

Wendy needs some allowance. Wendy는 용돈이 좀 필요해.

B: Right. I'll just do work later. 그래. 그냥 일은 나중에 할게.

later 나중에

I will see you later. 나중에 보자.

Can I do it later? 저 그거 나중에 해도 돼요?

STEP 4 직접 손영작/입영작 | 핵심 패턴을 사용하여 손으로 영작하고 입으로 영작하세요.

1. 너 자동차 안 살 거야? ______________________

2. 그들은 할 일이 있어. ______________________

3. 우린 더 많은 사랑이 필요해. ______________________

4. 나중에 얘기하자. ______________________

정답 | **1.** Aren't you going to buy a car? **2.** They have work to do. **3.** We need more love. **4.** Let's talk later.

DAY 030 긴 비행의 지루함을 달래려면

방송시청 ____회 ▸ 손영작 ____회 ▸ 입영작 ____회 ▸ 반복낭독 ____회

STEP 1 Today's Dialogue | 방송으로 대화를 들으며 빈칸에 알맞은 단어를 최대한 채워 보세요.

A: **It's going to be a long ________.** 긴 비행이 될 거야.

B: **Is there Wi-Fi on the ________?** 비행기에 와이파이 되나?

A: **I'm not sure. We can ask the ________.**
잘 모르겠네. 승무원한테 물어보면 되지.

B: **Let's buy some ________ just in case.**
혹시 모르니까 잡지 몇 개 사자.

STEP 2 빈칸 단어 익히기 | 예문으로 단어의 쓰임을 익히세요.

- **flight** 비행, 항공편

It was a long flight. 그건 긴 비행이었어.

I have a 5 o'clock flight. 나 5시 항공편 타야 돼.

- **plane** 비행기

Teddy just got on the plane. Teddy는 방금 비행기에 탔어.

The plane just took off. 비행기는 방금 이륙했어.

- **flight attendant** (비행기) 승무원

My sister is a flight attendant. 우리 누나는 승무원이야.

I want to be a flight attendant. 난 승무원이 되고 싶어.

- **magazine** 잡지

Mayu loves car magazines. 마유는 자동차 잡지를 사랑해.

Olivia is reading a magazine. Olivia는 잡지를 읽고 있어.

STEP 3 핵심 패턴 익히기 | 방송을 시청하며 각 문장의 핵심 패턴을 익히세요.

A: It's going to be a long flight. 긴 비행이 될 거야.

It's going to be (명사). (명사)가 될 거야.

It's going to be a fun party. 재미있는 파티가 될 거야.

It's going to be a great adventure! 대단한 모험이 될 거야!

B: Is there Wi-Fi on the plane? 비행기에 와이파이 되나?

Is/Are there (명사)? (명사)가 있나요?

Is there a sofa in the room? 방에 소파가 있나요?

Are there machines in the factory? 공장에 기계들이 있나요?

A: I'm not sure. We can ask the flight attendants.

잘 모르겠네. 승무원한테 물어보면 되지.

ask (목적어) (목적어)에게 물어보다

Let's ask your friend Tina. 네 친구 Tina한테 물어보자.

Don't ask me. 나한테 물어보지 마.

B: Let's buy some magazines just in case. 혹시 모르니까 잡지 몇 개 사자.

just in case 혹시 모르니까, 혹시 몰라서

Take this umbrella just in case. 혹시 모르니까 이 우산 가져가.

I brought this just in case. 혹시 몰라서 이거 가져왔어.

STEP 4 직접 손영작/입영작 | 핵심 패턴을 사용하여 손으로 영작하고 입으로 영작하세요.

1. 긴 여정이 될 거야. ____________________

2. 거실에 TV가 있나요? ____________________

3. 그냥 마유한테 물어봐. ____________________

4. 혹시 모르니까 내 신용 카드를 가져가. ____________________

정답 | **1.** It's going to be a long journey. **2.** Is there a TV in the living room? **3.** Just ask Mayu. **4.** Take my credit card just in case.

DAY 031

형의 고통은 나의 기쁨

방송시청 _____회 ▸ 손영작 _____회 ▸ 입영작 _____회 ▸ 반복낭독 _____회

STEP 1 Today's Dialogue | 방송으로 대화를 들으며 빈칸에 알맞은 단어를 최대한 채워 보세요.

A: **Uh oh. You're in __________.** 이런. 형 큰일 났다.

B: **Did I do __________ wrong?** 내가 뭔가 잘못했어?

A: **You lied to Mom, and she __________.**
형이 엄마한테 거짓말했잖아. 엄마가 알아냈다고.

B: **Oh, no. I will be __________.** 오, 이런. 나 외출 금지당할 거야.

STEP 2 빈칸 단어 익히기 | 예문으로 단어의 쓰임을 익히세요.

■ **trouble** 곤경, 문제, 수고

It caused some trouble. 그게 문제를 좀 초래했어.

Thank you for your trouble. 수고에 감사드려요.

■ **something** 무언가

Something is wrong. 뭔가 잘못됐어.

I already ate something. 나 벌써 뭔가 먹었어.

■ **find out** 알아내다

Let's find out! 알아내 보자! (어디 한번 봅시다!)

We found out the truth. 우린 진실을 알아냈어.

■ **grounded** 외출/놀기 금지를 당한

You are grounded. 너 외출 금지야.

I am grounded for a week. 나 한 주간 외출 금지야.

STEP3 **핵심 패턴 익히기** | 방송을 시청하며 각 문장의 핵심 패턴을 익히세요.

A: Uh oh. You're in trouble. 이런. 형 큰일 났다.

be in trouble 곤경에 빠지다, 큰일 나다

I am in trouble. 나 큰일 났어.

Am I in trouble? 나 큰일 난 거야?

B: Did I do something wrong? 내가 뭔가 잘못했어?

something (형용사) 뭔가 (형용사)한 것

I want something sweet. 나 뭔가 단걸 먹고 싶어.

I saw something crazy. 나 뭔가 장난 아닌 걸 봤어.

A: You lied to Mom, and she found out.

형이 엄마한테 거짓말했잖아. 엄마가 알아냈다고.

lie + to (목적어) (목적어)에게 거짓말하다

I lied to my husband. 나 남편한테 거짓말했어.

Never lie to your parents. 부모님께 절대 거짓말하지 마.

B: Oh, no. I will be grounded. 오, 이런. 나 외출 금지당할 거야.

will be (p.p.) (p.p.)당할 것이다 / (p.p.)될 것이다

They will be punished. 그들은 처벌받을 거야.

It will be destroyed. 그건 파괴될 거야.

직접 손영작/입영작 | 핵심 패턴을 사용하여 손으로 영작하고 입으로 영작하세요.

1. 우리 큰일 났어. ________________

2. 너 뭔가 매운 걸 원하니? ________________

3. 너 나한테 거짓말했어? ________________

4. 넌 사랑받을 거야. ________________

정답 | **1.** We are in trouble. **2.** Do you want something spicy? **3.** Did you lie to me?
4. You will be loved.

DAY 032

영국에서 온 친구 Peter

방송시청 ______회 ▸ 손영작 ______회 ▸ 입영작 ______회 ▸ 반복낭독 ______회

STEP 1 Today's Dialogue | 방송으로 대화를 들으며 빈칸에 알맞은 단어를 최대한 채워 보세요.

A: I want to go on a trip to __________. 영국으로 여행 가고 싶어.

B: __________ me. You'll love it there.
날 믿어. 너 거기 엄청 마음에 들 거야.

A: __________! You're from the UK, right?
아, 맞다! 너 영국에서 왔지?

B: __________. I miss my friends back there.
응. 거기 친구들이 그립네.

STEP 2 빈칸 단어 익히기 | 예문으로 단어의 쓰임을 익히세요.

- **the UK** **영국**

  Peter is from the UK. Peter는 영국 출신이야.

  I have been to the UK. 나 영국 가 본 적 있어.

- **trust** **신뢰하다, 믿다**

  I don't trust you. 난 널 안 믿어.

  We trust our leader. 우린 우리의 리더를 믿어.

- **Oh, yeah!** **아, 맞다!**

  Oh, yeah! You speak Korean, right? 아, 맞다! 너 한국어 하지?

  Oh, yeah! She is from England, right? 아, 맞다! 걔 잉글랜드에서 왔지?

- **Yup.** **응.**

  Yup. That's me. 응. 그게 나야.

  Yup. She is my niece. 응. 걔가 내 조카야.

STEP 3 **핵심 패턴 익히기** | 방송을 시청하며 각 문장의 핵심 패턴을 익히세요.

A: I want to go on a trip to the UK. 영국으로 여행 가고 싶어.

go on a trip 여행을 가다

Let's go on a trip! 여행 가자!

We went on a trip to London. 우리 런던으로 여행 갔어.

B: Trust me. You'll love it there. 날 믿어. 너 거기 엄청 마음에 들 거야.

love it there/here 거기가/여기가 엄청 마음에 들다

Your parents will love it there. 너희 부모님 거기 엄청 마음에 들어 하실 거야.

I love it here. 나 여기 엄청 마음에 들어.

A: Oh, yeah! You're from the UK, right? 아, 맞다! 너 영국에서 왔지?

from (명사) (명사)에서 온 / (명사) 출신인

I am from Korea. 저 한국에서 왔어요.

My wife is from Seattle. 제 아내는 시애틀에서 왔어요.

B: Yup. I miss my friends back there. 응. 거기 친구들이 그립네.

miss (명사) (명사)가 그립다/보고 싶다

Don't you miss those days? 그 시절이 그립지 않니?

I miss my son. 내 아들이 보고 싶어.

직접 손영작/입영작 | 핵심 패턴을 사용하여 손으로 영작하고 입으로 영작하세요.

1. 우린 시드니로 여행을 갔어. ______________________

2. 저희 여기 엄청 마음에 들어요. ______________________

3. 저 미국에서 왔어요. ______________________

4. 난 그가 그립지 않아. ______________________

정답 | **1.** We went on a trip to Sydney. **2.** We love it here. **3.** I am from America. **4.** I don't miss him.

DAY 033

공포의 치과 I

방송시청 ____회 ▶ 손영작 ____회 ▶ 입영작 ____회 ▶ 반복낭독 ____회

STEP 1 Today's Dialogue | 방송으로 대화를 들으며 빈칸에 알맞은 단어를 최대한 채워 보세요.

A: My ________ hurt so much. 이가 엄청 아파요.

B: Let me check. Open your ________ and say "Ah."
확인해 보죠. 입을 벌리고 "아" 해 보세요.

B: Oh, wow. You have so many ________.
오, 우와. 충치가 엄청 많네요.

A: But I ________ my teeth every day...
그렇지만 저 매일 이 닦는데요…

빈칸 단어 익히기 | 예문으로 단어의 쓰임을 익히세요.

- **tooth** 이, 치아 (복수형: teeth)
  The dentist pulled out the tooth. 치과 의사가 그 이를 뽑았어.
  You have yellow teeth. 너 이가 누렇다.

- **mouth** 입
  Close your mouth. 입을 다무세요.
  I covered my mouth. 난 입을 가렸어.

- **cavity** 충치 (치아에 생긴 구멍)
  Brushing prevents cavities. 칫솔질은 충치를 예방해.
  Eating sugary foods causes cavities. 당이 많은 음식을 먹는 건 충치를 발생시켜.

- **brush** 솔질을 하다, 빗질을 하다
  Annie is brushing her hair. Annie는 머리를 빗고 있어.
  Brush for 2 minutes. 2분간 칫솔질해.

STEP 3 핵심 패턴 익히기 | 방송을 시청하며 각 문장의 핵심 패턴을 익히세요.

A: My teeth hurt so much. 이가 엄청 아파요.

hurt 아프다

My arms hurt. 팔이 아파.

Does your neck hurt? 목이 아픈가요?

B: Let me check. Open your mouth and say "Ah."
확인해 보죠. 입을 벌리고 "아" 해 보세요.

(동사원형). (동사원형)하세요. / (동사원형)해.

Open your eyes. 눈을 뜨세요.

Move your car. 네 차를 옮겨.

B: Oh, wow. You have so many cavities. 오, 우와. 충치가 엄청 많네요.

many (복수명사) 많은 (복수명사)

You have many friends. 넌 친구가 많구나.

I have many ideas. 난 아이디어가 많아.

A: But I brush my teeth every day... 그렇지만 저 매일 이 닦는데요…

brush one's teeth 이를 닦다

I brushed my teeth. 나 이 닦았어.

Did you brush your teeth? 너 이 닦았니?

직접 손영작/입영작 | 핵심 패턴을 사용하여 손으로 영작하고 입으로 영작하세요.

1. 내 다리가 아파. ____________________

2. 다리를 움직이세요. ____________________

3. 우린 문제가 많아. ____________________

4. 그녀는 이를 닦고 있어. ____________________

정답 | **1.** My legs hurt. **2.** Move your legs. **3.** We have many problems. **4.** She is brushing her teeth.

DAY 034

퇴직하는 과장님

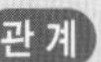

방송시청 _____회 ▸ 손영작 _____회 ▸ 입영작 _____회 ▸ 반복낭독 _____회

STEP 1 Today's Dialogue | 방송으로 대화를 들으며 빈칸에 알맞은 단어를 최대한 채워 보세요.

A: **Did you hear? James is __________.** 너 들었어? James 관둔대.

B: **Oh, no. He is such a __________ boss.**
오, 이런. 엄청 친절한 상사인데.

A: **Well, he is the only nice boss __________.**
음, 여기에서 유일하게 친절한 상사지.

B: **Let's have a drink with him __________.**
조만간 James랑 한잔하자고.

STEP 2 빈칸 단어 익히기 | 예문으로 단어의 쓰임을 익히세요.

- **quit** 관두다, 끊다
  She quit last month. 그녀는 지난달에 관뒀어.
  He quit smoking. 걔는 담배를 끊었어.

- **nice** 착한, 친절한
  Mayu is a nice kid. 마유는 착한 아이야.
  The employees were so nice. 직원들이 엄청 친절했어.

- **here** 여기에, 여기에서
  She is the best student here. 걔는 여기 최고 우등생이에요.
  Who wants pizza here? 여기 누가 피자 먹고 싶니?

- **soon** 곧, 금방
  They will come out soon. 걔네는 금방 나올 거야.
  I will see you soon. 곧 보자.

STEP 3 핵심 패턴 익히기 | 방송을 시청하며 각 문장의 핵심 패턴을 익히세요.

A: Did you hear? James is quitting. 너 들었어? James 관둔대.

Did you (동사원형)? 너 (동사원형)했니?

Did you buy the ticket? 너 그 티켓 샀어?

Did you have breakfast? 너 아침 먹었어?

B: Oh, no. He is such a nice boss. 오, 이런. 엄청 친절한 상사인데.

such (형용사) (명사) 엄청 (형용사)한 (명사)

You are such a nice guy. 당신은 엄청 착한 남자군요.

She is such an annoying person. 그녀는 엄청 짜증 나는 사람이야.

A: Well, he is the only nice boss here. 음, 여기에서 유일하게 친절한 상사지.

the only (명사) 유일한 (명사)

She is the only doctor here. 그녀가 여기에서 유일한 의사예요.

Am I the only one here? 여기에서 제가 유일한 사람인가요? (저만 그런가요?)

B: Let's have a drink with him soon. 조만간 James랑 한잔하자고.

have a drink 한잔하다

Do you want to have a drink? 너 한잔하고 싶어?

We had a drink yesterday. 우리 어제 한잔했어.

STEP 4 직접 손영작/입영작 | 핵심 패턴을 사용하여 손으로 영작하고 입으로 영작하세요.

1. 너 부모님 찾아뵀니? ______________________

2. 그는 엄청 대단한 의사야. ______________________

3. 그녀가 여기 유일한 간호사예요. ______________________

4. 오늘 밤에 한잔하자. ______________________

정답 | **1.** Did you visit your parents? **2.** He is such a great doctor. **3.** She is the only nurse here. **4.** Let's have a drink tonight.

DAY 035

다운타운에서 벼룩시장 구경

방송시청 _____회 ▶ 손영작 _____회 ▶ 입영작 _____회 ▶ 반복낭독 _____회

STEP 1 Today's Dialogue | 방송으로 대화를 들으며 빈칸에 알맞은 단어를 최대한 채워 보세요.

A: Is there a __________ around here? 이 근처에 벼룩시장 있나요?

B: There's __________ between 3rd Street and 7th Avenue. 3번가하고 7번 에비뉴 사이에 하나 있어요.

A: Oh, it's not that __________! 오, 그렇게 멀진 않네요!

B: You'll see an __________ next to Mayu Pharmacy. 마유 약국 옆에 골목이 보일 거예요.

STEP 2 빈칸 단어 익히기 | 예문으로 단어의 쓰임을 익히세요.

- **flea market 벼룩시장**

  There is a flea market down the street. 길 아래쪽에 벼룩시장이 있어요.

  I went to the flea market with him. 난 걔랑 벼룩시장에 갔어.

- **one 하나**

  I need one right now. 나 당장 하나 필요해.

  One is not enough. 하나로는 충분하지 않아.

- **far 먼**

  That's too far. 그건 너무 멀어.

  Is it far from here? 거기 여기서 멀어?

- **alley 골목**

  I see an alley in front of me. 내 앞에 골목이 보여.

  Take that alley. 그 골목을 따라 가.

STEP 3 **핵심 패턴 익히기** | 방송을 시청하며 각 문장의 핵심 패턴을 익히세요.

A: **Is there a flea market around here?** 이 근처에 벼룩시장 있나요?

around here 이 근처에

What's around here? 이 근처에 뭐가 있어?

There is nothing around here. 이 근처엔 아무것도 없어.

B: **There's one between 3rd Street and 7th Avenue.**

3번가하고 7번 에비뉴 사이에 하나 있어요.

between A and B A와 B 사이에

There is no secret between me and her. 나랑 그녀 사이엔 비밀이 없어.

There is a café between 2nd Street and 3rd Street.

2번가하고 3번가 사이에 카페가 있어.

A: **Oh, it's not that far!** 오, 그렇게 멀진 않네요!

that (형용사) 그렇게 (형용사)한

It's not that expensive. 그거 그렇게 비싸진 않아.

Is she that mean? 걔가 그렇게 못됐니?

B: **You'll see an alley next to Mayu Pharmacy.**

마유 약국 옆에 골목이 보일 거예요.

next to (명사) (명사)의 옆에

My office is next to the café. 내 사무실은 그 카페 옆에 있어.

I am standing next to the door. 저 그 문 옆에 서 있어요.

STEP 4 **직접 손영작/입영작** | 핵심 패턴을 사용하여 손으로 영작하고 입으로 영작하세요.

1. 이 근처에 우체국이 있어. ______________________

2. 5번가하고 6번가 사이에 약국이 있어. ______________________

3. 오늘은 그렇게 덥지는 않아. ______________________

4. 그녀가 내 옆에 앉아 있어. ______________________

정답 | **1.** There is a post office around here. **2.** There is a pharmacy between 5th Street and 6th Street. **3.** Today is not that hot. **4.** She is sitting next to me.

DAY 036 엄마를 닮아 약간 다행이다

방송시청 _____회 ▸ 손영작 _____회 ▸ 입영작 _____회 ▸ 반복낭독 _____회

STEP 1 Today's Dialogue | 방송으로 대화를 들으며 빈칸에 알맞은 단어를 최대한 채워 보세요.

A: **Wow, your son looks __________ like his mom.**
와, 아들이 엄마랑 똑 닮았네.

B: **Is that a __________?** 그거 칭찬이야?

A: **Maybe. His __________ looks like yours though.**
그럴지도. 그래도 코는 네 코를 닮았네.

B: **Well, I can't __________ that.** 뭐, 그건 부인할 수 없지.

STEP 2 빈칸 단어 익히기 | 예문으로 단어의 쓰임을 익히세요.

- **exactly 정확히, 똑**

You are exactly right. 네가 정확히 맞아.
It's exactly 10. 정확히 10시야.

- **compliment 칭찬**

That's a compliment. 그거 칭찬이야.
Thanks for your compliments. 칭찬 고마워요.

- **nose 코**

You have a big nose. 너 코가 크다.
Your nose is bleeding! 너 코피 나!

- **deny 부인하다**

Don't deny it. 그걸 부인하지 마.
Are you denying it? 너 그걸 부인하는 거야?

STEP 3 핵심 패턴 익히기 | 방송을 시청하며 각 문장의 핵심 패턴을 익히세요.

A: Wow, your son looks exactly like his mom.
와, 아들이 엄마랑 똑 닮았네.

look + like (명사) (명사)와 닮다

You look like your sister! 너 언니랑 닮았다!
She looks like my cousin. 걔는 내 사촌이랑 닮았어.

B: Is that a compliment? 그거 칭찬이야?

Is that (명사)? 그거 (명사)야?

Is that a good thing? 그거 좋은 거야?
Is that a real thing? 그거 진짜로 있는 거야?

A: Maybe. His nose looks like yours though.
그럴지도. 그래도 코는 네 코를 닮았네.

though 하지만, 그래도

I like the story though. 그래도 스토리는 마음에 드네.
She left you though. 하지만 걔는 널 떠났잖아.

B: Well, I can't deny that. 뭐, 그건 부인할 수 없지.

can't (동사원형) (동사원형)할 수 없다

I can't lie to you. 난 너한테 거짓말할 수 없어.
She can't help James. 걔는 James를 도울 수가 없어.

STEP 4 직접 손영작/입영작 | 핵심 패턴을 사용하여 손으로 영작하고 입으로 영작하세요.

1. 넌 너의 형이랑 닮았어. ______________________

2. 그거 거짓말이야? ______________________

3. 난 그래도 그 색이 마음에 들어. ______________________

4. 우린 포기할 수 없어. ______________________

정답 | **1.** You look like your brother. **2.** Is that a lie? **3.** I like the color though. **4.** We can't give up.

DAY 037 투자 공부도 좀 해야겠어

방송시청 ____회 ▸ 손영작 ____회 ▸ 입영작 ____회 ▸ 반복낭독 ____회

STEP 1 Today's Dialogue | 방송으로 대화를 들으며 빈칸에 알맞은 단어를 최대한 채워 보세요.

A: **Do you know anything about ________?**
투자에 대해 좀 알아?

B: **Well, I invest in ________.** 음, 난 주식에 투자해.

A: **I should learn how to ________ stocks, too.**
나도 주식 거래하는 법 배워야겠어.

B: **I can ________ you, but it's not easy.**
내가 가르쳐 줄 수는 있는데, 쉽진 않아.

STEP 2 빈칸 단어 익히기 | 예문으로 단어의 쓰임을 익히세요.

■ **invest** 투자하다

I invested some money. 난 돈을 좀 투자했어.

Investing is not easy. 투자하는 건 쉽지 않아.

■ **stock** 주식

I bought some stocks. 난 주식을 좀 샀어.

The stock market is good. 주식 시장이 괜찮아.

■ **trade** 거래하다

I trade stocks. 전 주식을 거래해요.

We trade auto parts. 저희는 자동차 부품을 거래합니다.

■ **teach** 가르치다

I teach English in Korea. 전 한국에서 영어를 가르쳐요.

I taught them myself. 제가 직접 그들을 가르쳤어요.

STEP 3 핵심 패턴 익히기 | 방송을 시청하며 각 문장의 핵심 패턴을 익히세요.

A: Do you know anything about investing? 투자에 대해 좀 알아?

Do you know anything + about (명사)? 너 (명사)에 대해 아는 거 있어? / 좀 알아?

Do you know anything about this? 너 이거에 대해 아는 거 있어?

Do you know anything about cars? 너 차에 대해 좀 알아?

B: Well, I invest in stocks. 음, 난 주식에 투자해.

invest + in (명사) (명사)에 투자하다

I invest in real estate. 난 부동산에 투자해.

She invested in Mayu Company. 그녀는 마유 컴퍼니에 투자했어.

A: I should learn how to trade stocks, too.

나도 주식 거래하는 법 배워야겠어.

how to (동사원형) (동사원형)하는 법

I know how to fix it. 나 그거 고치는 법 알아.

Teach me how to dance well. 춤 잘 추는 법 가르쳐 줘.

B: I can teach you, but it's not easy. 내가 가르쳐 줄 수는 있는데, 쉽진 않아.

but ~인데, ~이지만

Kelly is small, but she is strong. Kelly는 작지만 강해.

I like apples, but he likes oranges. 난 사과를 좋아하지만, 걔는 오렌지를 좋아해.

STEP 4 직접 손영작/입영작 | 핵심 패턴을 사용하여 손으로 영작하고 입으로 영작하세요.

1. 너 AI에 대해 좀 알아? ____________________

2. 그들은 우리에게 투자했어. ____________________

3. 난 고음으로 노래하는 법을 배웠어. ____________________

4. 난 한국인이지만 피자를 사랑해. ____________________

정답 | **1.** Do you know anything about AI? **2.** They invested in us. **3.** I learned how to sing high. **4.** I am Korean, but I love pizza.

DAY 038 공포의 치과 Ⅱ

방송시청 ____회 ▶ 손영작 ____회 ▶ 입영작 ____회 ▶ 반복낭독 ____회

STEP 1 Today's Dialogue | 방송으로 대화를 들으며 빈칸에 알맞은 단어를 최대한 채워 보세요.

A: **Bad news. You have __________ as well.**
안 좋은 소식입니다. 사랑니도 있네요.

B: **What does it __________?** 그게 뭘 의미하죠?

A: **It means we need to __________ them __________.**
그 말은 사랑니를 뽑아야 한다는 겁니다.

B: **Oh, no. I'm so __________!** 오, 이런. 너무 무서워요!

STEP 2 빈칸 단어 익히기 | 예문으로 단어의 쓰임을 익히세요.

- **wisdom tooth** 사랑니

The dentist removed the wisdom tooth. 치과 의사가 그 사랑니를 제거했어.
I have two wisdom teeth. 난 사랑니가 두 개야.

- **mean** 의미하다

It means you are smart. 그건 네가 똑똑하다는 걸 의미해.
It means nothing. 그건 아무 의미도 없어. (아무 뜻 아니야.)

- **pull out** 뽑다

The dentist pulled out the tooth. 치과 의사가 그 치아를 뽑았어.
We need to pull it out. 우리는 그걸 뽑아야 합니다.

- **scared** 무서운, 겁먹은

Are you still scared? 너 아직도 무서워?
They were all scared. 걔네는 전부 겁먹었어.

STEP 3 핵심 패턴 익히기 | 방송을 시청하며 각 문장의 핵심 패턴을 익히세요.

A: Bad news. You have wisdom teeth as well.

안 좋은 소식입니다. 사랑니도 있네요.

as well 또한, ~도

We have shorts as well. 저희는 반바지도 있습니다.

I speak Korean as well. 전 한국어도 해요.

B: What does it mean? 그게 뭘 의미하죠?

What does (명사) mean? (명사)가 뭘 의미하죠? / (명사)가 무슨 뜻이죠?

What does 'giraffe' mean? 'giraffe'가 무슨 뜻이죠?

What does this mean? 이게 뭘 의미하죠?

A: It means we need to pull them out.

그 말은 사랑니를 뽑아야 한다는 겁니다.

It means (평서문). 그 말은 (평서문)이라는 겁니다.

It means we have to leave now. 그 말은 우리가 지금 떠나야 한다는 거야.

It means you are not my type. 그 말은 네가 내 이상형이 아니라는 거야.

B: Oh, no. I'm so scared! 오, 이런. 너무 무서워요!

so (형용사) 엄청 (형용사)한

I am so sleepy. 나 엄청 졸려.

The water is so deep. 물이 엄청 깊어.

STEP 4 직접 손영작/입영작 | 핵심 패턴을 사용하여 손으로 영작하고 입으로 영작하세요.

1. 전 돼지고기도 좋아해요. ______________________

2. 'lion'이 무슨 뜻이죠? ______________________

3. 그 말은 네가 인기 있다는 거야. ______________________

4. 내 남동생은 엄청 게을러. ______________________

정답 | **1.** I like pork as well. **2.** What does 'lion' mean? **3.** It means you are popular. **4.** My brother is so lazy.

DAY 039 차일 만했네

방송시청 _____회 ▸ 손영작 _____회 ▸ 입영작 _____회 ▸ 반복낭독 _____회

STEP 1 Today's Dialogue | 방송으로 대화를 들으며 빈칸에 알맞은 단어를 최대한 채워 보세요.

A: **Why did you __________ your boyfriend?**
왜 남자 친구를 차 버린 거야?

B: **He called me by __________'s name.**
걔가 다른 사람 이름으로 날 불렀어.

A: **Maybe it was a __________.** 실수였는지도 모르지.

B: **Well, it was his __________'s name.**
뭐, 자기 전 여자 친구 이름이었다는 거.

빈칸 단어 익히기 | 예문으로 단어의 쓰임을 익히세요.

- **dump** 버리다, 차 버리다
  Eileen dumped me. Eileen이 날 차 버렸어.
  Why did you dump me? 왜 날 차 버린 거니?

- **someone else** 다른 사람
  I am seeing someone else. 난 다른 사람을 만나 보고 있어.
  He was with someone else. 걔는 다른 사람이랑 있었어.

- **mistake** 실수
  It's my mistake. 그건 내 실수야.
  I made a mistake. 내가 실수했어.

- **ex** 전 애인
  She is my ex. 걔는 내 전 애인이야.
  Ken still talks to his ex. Ken은 아직도 전 애인이랑 연락해.

STEP 3 핵심 패턴 익히기 | 방송을 시청하며 각 문장의 핵심 패턴을 익히세요.

A: Why did you dump your boyfriend? 왜 남자 친구를 차 버린 거야?

Why (질문 어순)? 왜 (질문 어순)이야?

Why did you cry? 너 왜 울었어?

Why do you still work here? 너 왜 아직 여기서 일해?

B: He called me by someone else's name.

걔가 다른 사람 이름으로 날 불렀어.

call (목적어) + by (명사) (목적어)를 (명사)로 부르다

She calls me by my nickname. 걔는 날 내 별명으로 불러.

I call them by their last names. 난 그들을 성으로 불러.

A: Maybe it was a mistake. 실수였는지도 모르지.

Maybe (평서문). (평서문)인지도 모르지.

Maybe she likes him. 그녀가 그를 좋아하는지도 모르지.

Maybe it's your destiny. 그게 네 운명인지도 모르지.

B: Well, it was his ex's name. 뭐, 자기 전 여자 친구 이름이었다는 거.

Well 뭐, 음

Well, that's not my problem. 뭐, 그건 내 문제가 아니야.

Well, that's not true. 음, 그건 사실이 아니야.

STEP 4 직접 손영작/입영작 | 핵심 패턴을 사용하여 손으로 영작하고 입으로 영작하세요.

1. 너 왜 나한테 전화했어? ____________________

2. 우리 할머니는 날 내 별명으로 부르셔. ____________________

3. 그가 널 싫어하는지도 모르지. ____________________

4. 뭐, 난 배 안 고파. ____________________

정답 | **1.** Why did you call me? **2.** My grandma calls me by my nickname. **3.** Maybe he hates you. **4.** Well, I am not hungry.

DAY 040

놀이공원 갈 땐 아이가 되고파

방송시청 ____회 ▸ 손영작 ____회 ▸ 입영작 ____회 ▸ 반복낭독 ____회

STEP 1 Today's Dialogue | 방송으로 대화를 들으며 빈칸에 알맞은 단어를 최대한 채워 보세요.

A: **We have two __________ and a 5-year-old.**
성인 두 명하고 다섯 살 된 아이 한 명이요.

A: **How much is the __________?** 입장료 얼마인가요?

B: **It's $10 for adults and $5 for __________.**
성인은 10달러, 아이는 5달러입니다.

B: **Oh, he's only 5. He can __________ for free.**
아, 아이가 겨우 다섯 살이군요. 무료로 들어갈 수 있습니다.

STEP 2 빈칸 단어 익히기 | 예문으로 단어의 쓰임을 익히세요.

- **adult** 성인

It's a video game for adults. 그건 성인용 비디오 게임이야.
He is an adult now. 걔 이제 성인이야.

- **admission** 입장료

The admission is $20. 입장료는 20달러입니다.
They charge a high admission fee. 그들은 비싼 입장료를 청구해.

- **children** 아이들

The children are playing downstairs. 아이들이 아래층에서 놀고 있어.
I love children. 난 아이들을 사랑해.

- **get in** 들어가다

I got in first. 내가 먼저 들어갔어.
Can I get in? 저 들어가도 돼요?

STEP 3 핵심 패턴 익히기 | 방송을 시청하며 각 문장의 핵심 패턴을 익히세요.

A: We have two adults and a 5-year-old.

성인 두 명하고 다섯 살 된 아이 한 명이요.

a (숫자)-year-old (숫자)살 된 사람

We have a 6-year-old. 저희 여섯 살 된 아이가 있어요.

The 21-year-old won the lottery. 그 스물한 살 된 청년이 복권에 당첨되었다.

A: How much is the admission? 입장료 얼마인가요?

How much is/are (명사)? (명사)가 얼마인가요?

How much is the service? 그 서비스는 얼마죠?

How much are these glasses? 이 유리잔들은 얼마예요?

B: It's $10 for adults and $5 for children.

성인은 10달러, 아이는 5달러입니다.

It's (가격) for (명사). (명사)는 (가격)입니다.

It's $20 for students. 학생은 20달러입니다.

It's free for children. 아이는 무료입니다.

B: Oh, he's only 5. He can get in for free.

아, 아이가 겨우 다섯 살이군요. 무료로 들어갈 수 있습니다.

for free 무료로

I am learning English for free. 난 영어를 무료로 배우고 있어.

She got in for free. 걔는 무료로 들어갔어.

STEP 4 직접 손영작/입영작 | 핵심 패턴을 사용하여 손으로 영작하고 입으로 영작하세요.

1. 저희는 두 살 된 아이가 있어요. ______________________

2. 이 양말들은 얼마죠? ______________________

3. 성인은 50달러입니다. ______________________

4. 저 무료로 들어갈 수 있나요? ______________________

정답 | **1.** We have a 2-year-old. **2.** How much are these socks? **3.** It's $50 for adults. **4.** Can I get in for free?

DAY 041

아이 용돈은 어떻게 줄까?

방송시청 _____회 ▶ 손영작 _____회 ▶ 입영작 _____회 ▶ 반복낭독 _____회

STEP 1 Today's Dialogue | 방송으로 대화를 들으며 빈칸에 알맞은 단어를 최대한 채워 보세요.

A: Do you get __________ from your mom?
너 엄마한테서 용돈 받아?

B: Yeah, she __________ me $1 every day.
어, 엄마가 매일 1달러씩 주셔.

B: Does your __________ give you allowance, too?
너희 엄마도 용돈 주셔?

A: Yeah, __________ gives me $2 every other day.
어, 우리 엄마는 격일로 2달러씩 주셔.

STEP 2 빈칸 단어 익히기 | 예문으로 단어의 쓰임을 익히세요.

■ **allowance** 용돈

I get allowance from my dad. 나 우리 아빠한테 용돈 받아.

I have never gotten allowance. 난 용돈을 받아 본 적이 없어.

■ **give** 주다

Give me a chance. 내게 기회를 줘.

I gave him cash. 난 그에게 현금을 줬어.

■ **mom** 엄마

Mom is not home yet. 엄마 아직 집에 안 오셨어요.

My mom is a nurse. 우리 엄마는 간호사야.

■ **she** 그녀 (주어)

She and I are best friends. 그녀랑 난 베프야.

She is over 30. 그녀는 서른이 넘었어.

STEP 3 **핵심 패턴 익히기** | 방송을 시청하며 각 문장의 핵심 패턴을 익히세요.

A: Do you get allowance from your mom? 너 엄마한테서 용돈 받아?

get allowance + from (목적어) (목적어)에게서 용돈을 받다

I get allowance from my grandpa. 난 우리 할아버지에게서 용돈을 받아.

She gets allowance from her uncle. 걔는 자기 삼촌한테서 용돈을 받아.

B: Yeah, she gives me $1 every day. 어, 엄마가 매일 1달러씩 주셔.

every day 매일

I go to the gym every day. 난 매일 체육관에 가.

She watches WCB English every day. 걔는 매일 왕초보영어를 시청해.

B: Does your mom give you allowance, too? 너희 엄마도 용돈 주셔?

too 또한, ~도

Do you live in Paris, too? 너도 파리에 살아?

Does June speak Korean, too? June도 한국어를 해?

A: Yeah, she gives me $2 every other day.

어, 우리 엄마는 격일로 2달러씩 주셔.

every other day 격일로, 이틀마다

I get $5 every other day. 난 격일로 5달러를 받아.

I visit my mom every other day. 난 격일로 우리 엄마를 방문해.

직접 손영작/입영작 | 핵심 패턴을 사용하여 손으로 영작하고 입으로 영작하세요.

1. 난 우리 이모한테서 용돈을 받아. ______________________

2. 우리 매일 영어를 공부해. ______________________

3. 나도 캘리포니아에 살아. ______________________

4. Perry는 격일로 20달러를 받아. ______________________

정답 | **1.** I get allowance from my aunt. **2.** We study English every day. **3.** I live in California, too. **4.** Perry gets $20 every other day.

DAY 042 어떻게 그게 가능하니?

방송시청 _____회 ▸ 손영작 _____회 ▸ 입영작 _____회 ▸ 반복낭독 _____회

STEP 1 Today's Dialogue | 방송으로 대화를 들으며 빈칸에 알맞은 단어를 최대한 채워 보세요.

A: What are you __________? 너 뭐 올리는 중이야?

B: I'm posting some __________ of me and Angie.
나랑 Angie 사진 몇 개 올리고 있어.

A: Didn't you __________ with her? 너 걔랑 헤어지지 않았어?

B: Yeah, but we're still good __________.
그렇긴 한데, 우리 여전히 좋은 친구야.

STEP 2 빈칸 단어 익히기 | 예문으로 단어의 쓰임을 익히세요.

- **post** 게시하다, 올리다

I just posted our photo. 나 방금 우리 사진 올렸어.
She posted a video. 걔가 영상을 올렸어.

- **picture** 사진

The picture came out well. 사진이 잘 나왔어.
Let's take some pictures. 사진 좀 찍자.

- **break up** 헤어지다

Let's just break up. 그냥 헤어지자.
I broke up with her 2 years ago. 나 걔랑 2년 전에 헤어졌어.

- **friend** 친구

I have zero friends. 난 친구가 한 명도 없어.
Irina is my closest friend. Irina는 내 가장 친한 친구야.

STEP 3 핵심 패턴 익히기 | 방송을 시청하며 각 문장의 핵심 패턴을 익히세요.

A: **What are you posting?** 너 뭐 올리는 중이야?

What are you (~ing)? 넌 뭘 (~ing)하고 있니?

What are you watching? 너 뭐 보고 있어?

What are you reading? 너 뭐 읽고 있니?

B: **I'm posting some pictures of me and Angie.**

나랑 Angie 사진 몇 개 올리고 있어.

of (목적어) (목적어)의

Post some pictures of her. 그녀의 사진들을 올려.

Seoul is the capital of Korea. 서울이 한국의 수도야.

A: **Didn't you break up with her?** 너 걔랑 헤어지지 않았어?

Didn't you (동사원형)? 너 (동사원형)하지 않았어?

Didn't you sell your clothes? 너 네 옷 팔지 않았어?

Didn't you eat Korean food? 너 한국 음식 먹지 않았어?

B: **Yeah, but we're still good friends.** 그렇긴 한데, 우리 여전히 좋은 친구야.

still 여전히, 아직

It's still early. 아직 일러.

We are still boyfriend and girlfriend. 우린 여전히 남친, 여친이야.

STEP 4 직접 손영작/입영작 | 핵심 패턴을 사용하여 손으로 영작하고 입으로 영작하세요.

1. 넌 뭘 마시고 있니? ______________________

2. 그녀는 우리의 사진들을 찍었어. ______________________

3. 너 컴퓨터 사지 않았어? ______________________

4. 그들은 여전히 친구야. ______________________

정답 | **1.** What are you drinking? **2.** She took pictures of us. **3.** Didn't you buy a computer? **4.** They are still friends.

DAY 043

발레파킹을 맡겼더니

방송시청 ____회 ▸ 손영작 ____회 ▸ 입영작 ____회 ▸ 반복낭독 ____회

STEP 1 Today's Dialogue | 방송으로 대화를 들으며 빈칸에 알맞은 단어를 최대한 채워 보세요.

A: Excuse me. There's a ________ on the bumper.
저기요. 범퍼에 스크래치가 있는데요.

B: I don't think we ________ that. 저희가 한 거 같지 않습니다.

A: It wasn't there before I came ________.
여기 오기 전에는 거기에 스크래치가 없었어요.

B: Let me check the ________. 감시 카메라를 확인해 볼게요.

STEP 2 빈칸 단어 익히기 | 예문으로 단어의 쓰임을 익히세요.

- **scratch** 스크래치, 긁힌 자국

It left a scratch here. 그게 여기 스크래치를 남겼어.

I see some scratches over here. 여기 스크래치가 좀 보여요.

- **do** 하다

Did you do this? 네가 이걸 했니? (이렇게 했니?)

Don't do that! 그걸 하지 마! (그렇게 하지 마!)

- **here** 여기, 여기에, 여기로

Come back here. 여기로 돌아와.

Does she live here? 걔가 여기 사니?

- **surveillance camera** 감시 카메라

We installed a surveillance camera. 우리 감시 카메라 설치했어.

Are there surveillance cameras? 감시 카메라가 있나요?

STEP 3 핵심 패턴 익히기 | 방송을 시청하며 각 문장의 핵심 패턴을 익히세요.

A: Excuse me. There's a scratch on the bumper.

저기요. 범퍼에 스크래치가 있는데요.

on (명사) (명사)에 (표면에, 위에)

I have a scar on my face. 나 얼굴에 흉터가 있어.

There is a dent on the door. 문에 움푹 들어간 곳이 있어.

B: I don't think we did that. 저희가 한 거 같지 않습니다.

I don't think + (평서문). 난 (평서문)이라고 생각 안 해. / (평서문)이 아닌 것 같아.

I don't think she is Chinese. 걔는 중국인이 아닌 거 같아.

I don't think this is right. 난 이게 옳다고 생각 안 해.

A: It wasn't there before I came here.

여기 오기 전에는 거기에 스크래치가 없었어요.

before (평서문) (평서문)이기 전에

Take a shower before you go to bed. 잠자리에 들기 전에 샤워해.

I stopped by his office before I came here.

나 여기 오기 전에 그의 사무실에 들렀어.

B: Let me check the surveillance camera. 감시 카메라를 확인해 볼게요.

Let me (동사원형). (동사원형)할게.

Let me help your grandpa. 내가 너희 할아버지를 도와 드릴게.

Let me double-check. 재확인해 볼게.

STEP 4 직접 손영작/입영작 | 핵심 패턴을 사용하여 손으로 영작하고 입으로 영작하세요.

1. 문에 스크래치가 있어. ______________________

2. Brian은 대학생이 아닌 거 같아. ______________________

3. 난 여기 오기 전에 점심을 먹었어. ______________________

4. 너한테 오늘 밤에 전화할게. ______________________

정답 | **1.** There is a scratch on the door. **2.** I don't think Brian is a college student. **3.** I had lunch before I came here. **4.** Let me call you tonight.

DAY 044 이런 우연이!

방송시청 _____회 ▸ 손영작 _____회 ▸ 입영작 _____회 ▸ 반복낭독 _____회

STEP 1 Today's Dialogue | 방송으로 대화를 들으며 빈칸에 알맞은 단어를 최대한 채워 보세요.

A: I work for EBS. I work there as a __________.
전 EBS에서 일해요. 세일즈맨으로 일하죠.

B: Oh, I used to __________ there, too!
오, 저도 거기서 일하곤 했어요!

A: __________? What are the odds? 진짜요? 이런 우연이!

B: I worked in the __________ department!
전 마케팅 부서에서 일했어요!

STEP 2 빈칸 단어 익히기 | 예문으로 단어의 쓰임을 익히세요.

- **salesman** **세일즈맨, 판매원**
  The salesman ripped me off. 그 세일즈맨이 내게 바가지를 씌웠어.
  We need more salesmen. 우린 더 많은 세일즈맨이 필요해.

- **work** **일하다**
  I work at EBS. 전 EBS에서 일합니다.
  Do you still work for your uncle? 너 아직도 삼촌 밑에서 일해?

- **really** **정말로, 진짜로**
  Really? That's amazing! 진짜? 대단하다!
  I really don't know. 난 정말 모르겠어.

- **marketing** **마케팅**
  We need more marketing. 우린 마케팅이 더 필요해.
  They have their own marketing department.
  그들은 회사 자체 마케팅 부서가 있어.

STEP 3 핵심 패턴 익히기 | 방송을 시청하며 각 문장의 핵심 패턴을 익히세요.

A: I work for EBS. I work there as a salesman.

전 EBS에서 일해요. 세일즈맨으로 일하죠.

as (명사) (명사)로/로서

I am working as a model. 난 모델로 일하고 있어.

I am telling you this as your father. 난 네 아버지로서 이런 말을 하는 거야.

B: Oh, I used to work there, too! 오, 저도 거기서 일하곤 했어요!

used to (동사원형) (동사원형)하곤 했다

I used to live in Hanam. 난 하남에 살곤 했어.

She used to be quiet. 그녀는 조용하곤 했지.

A: Really? What are the odds? 진짜요? 이런 우연이!

What are the odds? 이런 우연이! / 정말 우연이네요!

No way! What are the odds? 말도 안 돼! 정말 우연이네요!

Are you serious? What are the odds? 진짜요? 이런 우연이!

B: I worked in the marketing department! 전 마케팅 부서에서 일했어요!

work + in the (명사) department (명사) 부서에서 일하다

I work in the accounting department. 전 회계 부서에서 일해요.

She works in the sales department. 그녀는 판매 부서에서 일해.

STEP 4 직접 손영작/입영작 | 핵심 패턴을 사용하여 손으로 영작하고 입으로 영작하세요.

1. 난 손 모델로 일하고 있어. ______________________

2. 우린 시카고에서 살곤 했어. ______________________

3. 이런 우연이! ______________________

4. 그들은 마케팅 부서에서 일해. ______________________

정답 | **1.** I am working as a hand model. **2.** We used to live in Chicago. **3.** What are the odds? **4.** They work in the marketing department.

DAY 045

비행기에서 떨어뜨린 물건

방송시청 ____회 ▶ 손영작 ____회 ▶ 입영작 ____회 ▶ 반복낭독 ____회

STEP 1 Today's Dialogue | 방송으로 대화를 들으며 빈칸에 알맞은 단어를 최대한 채워 보세요.

A: I think I dropped my ________ on the plane.
비행기에서 제 이어폰을 떨어뜨린 거 같아요.

B: Where did you ________? 어디에 앉으셨죠?

A: Seat A23. Can I ________ and check?
좌석 A23번에요. 들어가서 확인해도 되나요?

B: I'll do that. You can ________ here.
제가 확인해 볼게요. 여기서 기다리시면 됩니다.

STEP 2 빈칸 단어 익히기 | 예문으로 단어의 쓰임을 익히세요.

- **earphone(s)** 이어폰

I have lost my earphones. 나 이어폰 잃어버렸어.
I forgot my earphones! 나 이어폰 깜빡하고 안 가져왔어!

- **sit** 앉다

Sit over there. 저기에 앉아.
Can I sit next to you? 네 옆에 앉아도 돼?

- **go in** 들어가다

Can I go in? 저 들어가도 돼요?
You can't go in right now. 지금은 들어가실 수 없습니다.

- **wait** 기다리다

Wait downstairs. 아래층에서 기다려.
I have been waiting for 30 minutes. 나 30분간 기다려 오고 있어.

STEP 3 핵심 패턴 익히기 | 방송을 시청하며 각 문장의 핵심 패턴을 익히세요.

A: I think I dropped my earphones on the plane.

비행기에서 제 이어폰을 떨어뜨린 거 같아요.

I think + (평서문). 난 (평서문)이라 생각해. / (평서문)인 거 같아요.

I think I left it in the taxi. 나 그거 택시에 두고 내린 거 같아.

I think I lost it around here. 나 그거 이 근처에서 잃어버린 거 같아.

B: Where did you sit? 어디에 앉으셨죠?

Where (질문 어순)? 어디에/어디에서/어디로 (질문 어순)이죠?

Where did you eat? 너 어디에서 먹었어?

Where can I stay? 저 어디에 머물 수 있어요?

A: Seat A23. Can I go in and check?

좌석 A23번에요. 들어가서 확인해도 되나요?

Can I (동사원형)? 저 (동사원형)해도 되나요?

Can I come, too? 나도 가도 돼?

Can we take a break? 우리 쉬어도 돼?

B: I'll do that. You can wait here.

제가 확인해 볼게요. 여기서 기다리시면 됩니다.

You can (동사원형). 너 (동사원형)해도 돼.

You can come, too. 너도 와도 돼.

You guys can take a break. 너희 쉬어도 돼.

STEP 4 직접 손영작/입영작 | 핵심 패턴을 사용하여 손으로 영작하고 입으로 영작하세요.

1. 내가 널 사랑하는 거 같아. ______________________

2. 너 어디에서 공부했어? ______________________

3. 제가 안에서 기다려도 돼요? ______________________

4. 안에서 기다리셔도 됩니다. ______________________

정답 | **1.** I think I love you. **2.** Where did you study? **3.** Can I wait inside? **4.** You can wait inside.

DAY 046 영어에 거부감이 있는 아들

방송시청 ____회 ▶ 손영작 ____회 ▶ 입영작 ____회 ▶ 반복낭독 ____회

STEP 1 Today's Dialogue | 방송으로 대화를 들으며 빈칸에 알맞은 단어를 최대한 채워 보세요.

A: Mayu doesn't want to ________ English with me.
마유가 나랑 영어를 하고 싶어하지 않아요.

A: He says he feels ________. 어색한 기분이 든다나.

B: Why don't we play ________ games with him?
우리 마유랑 단어 게임 하는 게 어때요?

B: Maybe we can sing ________, too.
같이 노래할 수도 있겠고.

STEP 2 빈칸 단어 익히기 | 예문으로 단어의 쓰임을 익히세요.

- **speak** 말하다, 구사하다

I speak both Korean and English. 전 한국어랑 영어 둘 다 해요.
You are speaking too fast. 너무 빠르게 말하고 계세요.

- **awkward** 어색한

It was an awkward moment. 그건 어색한 순간이었어.
How awkward! 엄청 어색하네!

- **word** 단어

What's this word? 이 단어는 뭐야?
What is it in two words? 그게 두 단어로 뭐지?

- **together** 함께, 같이

Let's study English together. 같이 영어 공부하자.
They left together. 걔네 같이 떠났어.

STEP 3 **핵심 패턴 익히기** | 방송을 시청하며 각 문장의 핵심 패턴을 익히세요.

A: Mayu doesn't want to speak English with me.
마유가 나랑 영어를 하고 싶어하지 않아요.

don't/doesn't want to **(동사원형)** (동사원형)하고 싶지 않다

I don't want to cry. 난 울고 싶지 않아.

She doesn't want to get up. 걔는 일어나고 싶지 않아 해.

A: He says he feels awkward. **어색한 기분이 든다나.**

feel **(형용사)** (형용사)한 기분이 들다

I feel dizzy. 난 어지러운 기분이 들어.

We felt awkward. 우린 어색한 기분이 들었어.

B: Why don't we play word games with him?
우리 마유랑 단어 게임 하는 게 어때요?

Why don't we **(동사원형)**? 우리 (동사원형)하는 게 어때?

Why don't we sing together? 우리 같이 노래하는 게 어때?

Why don't we go to the movies? 우리 영화관 가는 게 어때?

B: Maybe we can sing together, too. **같이 노래할 수도 있겠고.**

too ~도, 또한

I can make time, too. 나도 시간 낼 수 있어.

We bought a house, too. 우리도 집 샀어.

STEP 4 **직접 손영작/입영작** | 핵심 패턴을 사용하여 손으로 영작하고 입으로 영작하세요.

1. 난 미소 짓고 싶지 않아. ____________________

2. 넌 어색한 기분이 들었니? ____________________

3. 우리 체육관에 가는 게 어때? ____________________

4. Frank도 초대해! ____________________

정답 | **1.** I don't want to smile. **2.** Did you feel awkward? **3.** Why don't we go to the gym? **4.** Invite Frank, too!

DAY 047

아무튼 넌 식물은 못 키우겠다

방송시청 _____회 ▸ 손영작 _____회 ▸ 입영작 _____회 ▸ 반복낭독 _____회

STEP 1 **Today's Dialogue** | 방송으로 대화를 들으며 빈칸에 알맞은 단어를 최대한 채워 보세요.

A: **Oh, no. The __________ are all dead.**
오, 이런. 식물들이 다 죽었네.

B: **How often do you __________ them?** 얼마나 자주 물을 주는데?

A: **I water __________ every single day.** 나 날마다 물 줘.

B: **You are supposed to water them only __________.**
얘네들은 일주일에 한 번만 줘야 해.

STEP 2 **빈칸 단어 익히기** | 예문으로 단어의 쓰임을 익히세요.

- **plant 식물**
  We need more plants in the living room. 우리 거실에 식물이 더 필요해.
  The plants are still alive. 그 식물들 아직 살아있어.

- **water 물을 주다**
  Did you water the flowers? 너 꽃에 물 줬어?
  I forgot to water them. 나 그것들에 물 주는 거 깜빡했어.

- **them 그들, 그것들 (목적어)**
  I had to call them. 난 그들에게 전화해야만 했어.
  I sold them. 나 그것들 팔았어.

- **once a week 일주일에 한 번**
  I work out once a week. 나 일주일에 한 번 운동해.
  Mayu eats ramyun once a week. 마유는 일주일에 한 번 라면을 먹어.

STEP 3 핵심 패턴 익히기 | 방송을 시청하며 각 문장의 핵심 패턴을 익히세요.

A: Oh, no. The plants are all dead. 오, 이런. 식물들이 다 죽었네.

all 모두, 다, 완전히

We are all dead. 우리 다 죽었다.

They were all upset. 걔네 모두 기분이 상했어.

B: How often do you water them? 얼마나 자주 물을 주는데?

How often (질문 어순)? 얼마나 자주 (질문 어순)이니?

How often do you see your girlfriend? 너 여자 친구 얼마나 자주 봐?

How often do you exercise? 너 얼마나 자주 운동해?

A: I water them every single day. 나 날마다 물 줘.

every single day 날마다, 매일

I take a walk every single day. 나 날마다 산책해.

Jessica called me every single day. Jessica는 나한테 날마다 전화했어.

B: You are supposed to water them only once a week.

얘네들은 일주일에 한 번만 줘야 해.

be supposed to (동사원형) (동사원형)하기로 되어 있다 / (동사원형)해야 한다

You are supposed to pick it up. 너 그거 픽업하기로 되어 있어.

I am supposed to call him. 나 걔한테 전화해야 해.

STEP 4 직접 손영작/입영작 | 핵심 패턴을 사용하여 손으로 영작하고 입으로 영작하세요.

1. 꽃들이 다 죽었네. ______________________

2. 너 얼마나 자주 영어를 공부해? ______________________

3. 난 영어를 날마다 공부해. ______________________

4. 난 출근하기로 되어 있어. ______________________

정답 | **1.** The flowers are all dead. **2.** How often do you study English? **3.** I study English every single day. **4.** I am supposed to go to work.

DAY 048

대표님을 만나게 되다니

방송시청 ____회 ▸ 손영작 ____회 ▸ 입영작 ____회 ▸ 반복낭독 ____회

STEP 1 Today's Dialogue | 방송으로 대화를 들으며 빈칸에 알맞은 단어를 최대한 채워 보세요.

A: **Hello, sir. I'm Peter from the ________ department.** 안녕하세요, 대표님. 회계 부서 Peter입니다.

B: **Oh, you are Peter! Your boss ________ about you all the time.** 오, 자네가 Peter군! 자네 상사가 매번 자네 얘기를 한다네.

B: **He says you are very ________.** 자네가 엄청 열심이라는군.

A: **Thank you. I'm just doing my ________.** 감사합니다. 그저 제 일을 하고 있을 뿐입니다.

STEP 2 빈칸 단어 익히기 | 예문으로 단어의 쓰임을 익히세요.

■ **accounting** **회계**

He works in the accounting department. 걔는 회계 부서에서 근무해.

Send it to our accounting department. 그걸 저희 회계 부서로 보내 주세요.

■ **talk** **얘기하다**

He talked about his past. 그는 자기 과거에 대해 얘기했어.

Let's talk. 얘기 좀 하자.

■ **hardworking** **열심히 하는**

The new guy is very hardworking. 그 신참은 아주 열심히 해.

George is a hardworking man. George는 열심히 하는 사람이야.

■ **job** **일자리, 일, 임무**

I hate my job. 난 내 일이 싫어.

That's your job! 그건 네 임무야!

STEP 3 **핵심 패턴 익히기** | 방송을 시청하며 각 문장의 핵심 패턴을 익히세요.

A: Hello, sir. I'm Peter from the accounting department.

안녕하세요, 대표님. 회계 부서 Peter입니다.

sir 남자를 부르는 존칭

Hello, sir. My name is Mayu. 안녕하세요, 선생님. 제 이름은 마유입니다.

You can't come in here, sir. 여기 들어오시면 안 됩니다, 선생님.

B: Oh, you are Peter! Your boss talks about you all the time.

오, 자네가 Peter군! 자네 상사가 매번 자네 얘기를 한다네.

all the time 매번, 항상, 아주 자주

She talks about her boyfriend all the time.

걔는 매번 자기 남자 친구 얘기를 해.

I come here all the time. 저 여기 매번 와요.

B: He says you are very hardworking. 자네가 엄청 열심이라는군.

(주어) says + (평서문) (주어)가 말하길 (평서문)이다. / (주어)는 (평서문)이라고 한다.

She says she likes Korea. 그녀는 한국이 좋다고 하는군.

They say they don't hire students. 그들은 학생을 고용하지 않는다고 하네.

A: Thank you. I'm just doing my job.

감사합니다. 그저 제 일을 하고 있을 뿐입니다.

be (~ing) (~ing)하고 있다

I am playing basketball. 난 농구를 하고 있어.

We are just relaxing. 우린 그냥 쉬고 있어.

STEP 4 **직접 손영작/입영작** | 핵심 패턴을 사용하여 손으로 영작하고 입으로 영작하세요.

1. 선생님, 그걸 만지시면 안 됩니다. ____________________

2. 그는 한국을 매번 방문해. ____________________

3. 그는 홍콩이 좋다고 하는군. ____________________

4. 우린 열심히 공부하고 있어. ____________________

정답 | **1.** Sir, you can't touch it. **2.** He visits Korea all the time. **3.** He says he likes Hong Kong. **4.** We are studying hard.

DAY 049

퇴사하는 직장 동료

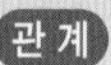

방송시청 _____회 ▶ 손영작 _____회 ▶ 입영작 _____회 ▶ 반복낭독 _____회

STEP 1 Today's Dialogue | 방송으로 대화를 들으며 빈칸에 알맞은 단어를 최대한 채워 보세요.

A: Today is my __________ day here, Peter.
오늘이 나의 회사 마지막 날이야, Peter.

B: Oh, man... I'm going to __________ you.
오, 이런… 자네가 그리울 거야.

A: Thanks for __________. I won't forget.
전부 다 고마워. 잊지 않을게.

B: Good luck with your new job, __________.
새 직장에서의 행운을 빌게, 친구.

STEP 2 빈칸 단어 익히기 | 예문으로 단어의 쓰임을 익히세요.

- **last** 마지막의, 마지막인
  This is the last question. 이게 마지막 질문이야.
  It was the last page. 그게 마지막 페이지였어.

- **miss** 그립다, 보고 싶다
  I miss my dad. 난 우리 아빠가 그리워.
  Don't you miss her? 넌 걔가 보고 싶지 않니?

- **everything** 모든 것, 전부 다
  Everything is your fault. 모든 게 네 잘못이야.
  She knows everything. 걔는 전부 다 알아.

- **buddy** 친구
  He is a buddy of mine. 걔는 내 친구야.
  What's up, buddy? 안녕, 친구?

STEP 3 **핵심 패턴 익히기** | 방송을 시청하며 각 문장의 핵심 패턴을 익히세요.

A: Today is my last day here, Peter. 오늘이 나의 회사 마지막 날이야, Peter.

here 여기에서(의)

Today is her last day here. 오늘이 그녀의 여기에서의 마지막 날이야.

Tomorrow is my last day here. 내일이 나의 여기에서의 마지막 날이야.

B: Oh, man... I'm going to miss you. 오, 이런… 자네가 그리울 거야.

be going to (동사원형) (동사원형)할 것이다

I am going to miss everyone. 난 모두가 그리울 거야.

We are going to land soon. 우린 곧 착륙할 겁니다.

A: Thanks for everything. I won't forget. 전부 다 고마워. 잊지 않을게.

won't (동사원형) (동사원형)하지 않을 것이다

I won't forget about you. 너에 대해 잊지 않을게.

We won't give up. 우린 포기하지 않을 거야.

B: Good luck with your new job, buddy. 새 직장에서의 행운을 빌게, 친구.

Good luck + with (명사). (명사)에 행운을 빌게.

Good luck with your life. 너의 인생에 행운을 빌게.

Good luck with everything. 모든 것에 행운을 빌게.

STEP 4 **직접 손영작/입영작** | 핵심 패턴을 사용하여 손으로 영작하고 입으로 영작하세요.

1. 오늘이 그의 여기에서의 마지막 날이야. ______________________

2. 우린 곧 이륙할 겁니다. ______________________

3. 난 널 용서하지 않을 거야. ______________________

4. 그 시험에 행운을 빌게. ______________________

정답 | **1.** Today is his last day here. **2.** We are going to take off soon. **3.** I won't forgive you. **4.** Good luck with the test.

DAY 050 커피숍에서 이름을 말해 보자

방송시청 ____회 ▶ 손영작 ____회 ▶ 입영작 ____회 ▶ 반복낭독 ____회

STEP 1 Today's Dialogue | 방송으로 대화를 들으며 빈칸에 알맞은 단어를 최대한 채워 보세요.

A: May I have your __________, sir?
성함이 어떻게 되시나요, 선생님?

B: It's Jim, but it's __________ G-Y-M.
Jim인데, G-Y-M이라고 철자를 써요.

B: I know it's __________ but... 이상한 건 아는데…

A: No, it's a __________ name! I'll call out your name when your order is ready.
아뇨, 독특한 이름인데요! 주문이 준비되면 성함을 부를게요.

STEP 2 빈칸 단어 익히기 | 예문으로 단어의 쓰임을 익히세요.

- **name** 이름

What's your last name? 당신의 성은 뭐죠?
My name is Peter. 제 이름은 Peter입니다.

- **spell** 철자를 쓰다/말하다

Please spell it for me. 절 위해 그것의 철자를 말해 주세요.
Can you spell your name? 네 이름의 철자를 쓸 수 있니?

- **weird** 괴상한, 이상한

What a weird person! 엄청 이상한 사람이네!
That's weird. 괴상하네.

- **unique** 독특한

You have a unique name! 이름이 독특하네요!
Their logo is unique. 그들의 로고는 독특해.

STEP3 핵심 패턴 익히기 | 방송을 시청하며 각 문장의 핵심 패턴을 익히세요.

A: **May I have your name, sir?** 성함이 어떻게 되시나요 , 선생님?

May I (동사원형)? (동사원형)해도 될까요?

May I have your phone number? 전화번호를 알려 주시겠어요(받아도 될까요)?

May I help you, ma'am? 도와 드려도 될까요, 부인?

B: **It's Jim, but it's spelled G-Y-M.** Jim인데, G-Y-M이라고 철자를 써요.

A is spelled B. A는 B라고 철자를 써요.

My last name is spelled B-A-E-K. 제 성은 B-A-E-K라고 철자를 써요.

Love is spelled L-O-V-E. Love는 L-O-V-E라고 철자를 써요.

B: **I know it's weird but...** 이상한 건 아는데…

I know (평서문). (평서문)인 걸 안다.

I know you love me. 네가 날 사랑하는 건 알아.

I know it's not easy but... 그게 쉽지 않은 건 알지만…

A: **No, it's a unique name! I'll call out your name when your order is ready.** 아뇨, 독특한 이름인데요! 주문이 준비되면 성함을 부를게요.

call out one's name ~의 이름을 부르다

The barista called out my name. 그 바리스타가 내 이름을 불렀어.

Just call out my name. 그냥 제 이름을 부르세요.

STEP4 직접 손영작/입영작 | 핵심 패턴을 사용하여 손으로 영작하고 입으로 영작하세요.

1. 제가 당신의 이메일 주소를 받아도 될까요? ______________________

2. Hope은 H-O-P-E라고 철자를 써요. ______________________

3. 그녀가 네 여자 친구인 건 알아. ______________________

4. 제 이름을 불러 주실 수 있나요? ______________________

정답 | **1.** May I have your email address? **2.** Hope is spelled H-O-P-E. **3.** I know she is your girlfriend. **4.** Can you call out my name?

DAY 051 아빠는 스마트폰 왕초보

가정

방송시청 _____회 ▶ 손영작 _____회 ▶ 입영작 _____회 ▶ 반복낭독 _____회

STEP 1 Today's Dialogue | 방송으로 대화를 들으며 빈칸에 알맞은 단어를 최대한 채워 보세요.

A: I need your help with __________. 아빠 뭐 좀 도와주면 좋겠다.

B: What do you need, __________? 뭐가 필요하신데요, 아빠?

A: How do I __________ this app? 이 앱 어떻게 지우니?

B: Hold down the icon and __________ delete.
아이콘을 누른 채로 삭제 버튼을 누르세요.

STEP 2 빈칸 단어 익히기 | 예문으로 단어의 쓰임을 익히세요.

- **something** 무언가

I just heard something. 방금 뭔가 들렸어.

Something just moved. 뭔가 방금 움직였어.

- **dad** 아빠

My dad is a firefighter. 우리 아빠는 소방관이야.

Where is Dad? 아빠 어디 계셔?

- **delete** 삭제하다, 지우다

I deleted the photo. 난 그 사진을 지웠어.

Don't delete this file. 이 파일 삭제하지 마.

- **press** 누르다

Press the button. 그 버튼을 눌러.

I pressed the wrong button. 나 버튼 잘못 눌렀어.

STEP 3 핵심 패턴 익히기 | 방송을 시청하며 각 문장의 핵심 패턴을 익히세요.

A: I need your help with something. 아빠 뭐 좀 도와주면 좋겠다.

I need your help + with (명사). (명사)에 대해 네 도움이 필요해.

I need your help with my essay. 내 에세이에 대해 네 도움이 필요해.

I need your help with this application. 이 신청서에 대해 네 도움이 필요해.

B: What do you need, Dad? 뭐가 필요하신데요, 아빠?

What (질문 어순)? 무엇을 (질문 어순)이니?

What can you eat? 넌 뭘 먹을 수 있어?

What do you see? 넌 뭘 보니? (뭐가 보이니?)

A: How do I delete this app? 이 앱 어떻게 지우니?

How (질문 어순)? 어떻게 (질문 어순)이니?

How do I charge this? 이걸 어떻게 충전하니?

How did you come in? 너 어떻게 들어왔어?

B: Hold down the icon and press delete.

아이콘을 누른 채로 삭제 버튼을 누르세요.

hold down 누르고 있다

Hold down the green button. 초록색 버튼을 누르고 있어.

Hold down the link. 그 링크를 누르고 있어.

직접 손영작/입영작 | 핵심 패턴을 사용하여 손으로 영작하고 입으로 영작하세요.

1. 내 숙제에 대해 네 도움이 필요해. ______________________

2. 너 뭘 고장 냈니? ______________________

3. 너 어떻게 내 이름을 알아? ______________________

4. 빨간색 버튼을 누르고 있어. ______________________

정답 | **1.** I need your help with my homework. **2.** What did you break? **3.** How do you know my name? **4.** Hold down the red button.

DAY 052 누가 누구한테 겁쟁이래

방송시청 _____회 ▸ 손영작 _____회 ▸ 입영작 _____회 ▸ 반복낭독 _____회

STEP 1 Today's Dialogue | 방송으로 대화를 들으며 빈칸에 알맞은 단어를 최대한 채워 보세요.

A: **Did you ask her out on a __________?** 걔한테 데이트 신청했어?

B: **No, I didn't have the __________.** 아니, 배짱이 없었어.

A: **Come on! Don't be a __________!** 왜 이래! 겁쟁이처럼 굴지 마!

B: **Well, you don't have a __________, either.**
뭐, 너도 여자 친구 없잖아.

STEP 2 빈칸 단어 익히기 | 예문으로 단어의 쓰임을 익히세요.

- **date** 데이트

  I have a date. 나 데이트가 있어.

  How was your date? 데이트 어땠어?

- **guts** 배짱

  You have no guts. 넌 배짱이 없어.

  Do you have the guts to do it? 너 그럴 배짱 있어?

- **chicken** 겁쟁이 / 닭

  Are you a chicken? 너 겁쟁이야?

  Can chickens fly? 닭이 날 수 있니?

- **girlfriend** 여자 친구

  Are you John's girlfriend? 네가 John의 여자 친구야?

  Whose girlfriend is that? 저 사람 누구 여자 친구야?

STEP 3 **핵심 패턴 익히기** | 방송을 시청하며 각 문장의 핵심 패턴을 익히세요.

A: **Did you ask her out on a date?** 걔한테 데이트 신청했어?

ask (목적어) out + on a date (목적어)에게 데이트를 신청하다

I asked her out on a date. 난 걔한테 데이트를 신청했어.

Just ask her out on a date. 그냥 걔한테 데이트를 신청해.

B: **No, I didn't have the guts.** 아니, 배짱이 없었어.

didn't (동사원형) (동사원형)하지 않았다

I didn't have any cash. 난 현금이 조금도 없었어.

We didn't have a choice. 우린 선택의 여지가 없었어.

A: **Come on! Don't be a chicken!** 왜 이래! 겁쟁이처럼 굴지 마!

Don't be (명사). (명사)가 되지 마. / (명사)처럼 굴지 마.

Don't be a selfish person. 이기적인 사람이 되지 마.

Don't be a liar. 거짓말쟁이처럼 굴지 마.

B: **Well, you don't have a girlfriend, either.** 뭐, 너도 여자 친구 없잖아.

either (부정문에서) ~도 (…아닌)

You don't have a boyfriend, either. 너도 남자 친구 없잖아.

I don't work here, either. 저도 여기서 일 안 해요.

STEP 4 **직접 손영작/입영작** | 핵심 패턴을 사용하여 손으로 영작하고 입으로 영작하세요.

1. 그녀에게 데이트 신청하지 마. ______________________

2. 난 그 상자를 옮기지 않았어. ______________________

3. 바람둥이가 되지 마. ______________________

4. 저도 여기서 살지 않아요. ______________________

정답 | **1.** Don't ask her out on a date. **2.** I didn't move the box. **3.** Don't be a cheater. **4.** I don't live here, either.

DAY 053 난 얼어 죽어도 아이스야

방송시청 _____회 ▸ 손영작 _____회 ▸ 입영작 _____회 ▸ 반복낭독 _____회

STEP 1 Today's Dialogue | 방송으로 대화를 들으며 빈칸에 알맞은 단어를 최대한 채워 보세요.

A: **Mr. Gym! Your order's __________!**
Gym 고객님! 주문하신 음료 준비되었습니다!

B: **Um... I ordered the __________.**
음… 저 아이스 아메리카노 주문했는데요.

A: **I'm so __________. Give me just a few minutes.**
정말 죄송해요. 몇 분만 주세요.

B: **That's __________. Take your time.** 괜찮아요. 천천히 하세요.

STEP 2 빈칸 단어 익히기 | 예문으로 단어의 쓰임을 익히세요.

- **ready** 준비된

  Are you ready? 너 준비됐어?

  We are not ready yet. 우리 아직 준비 안 됐어.

- **iced Americano** 아이스 아메리카노

  Let me get two iced Americanos. 아이스 아메리카노 두 잔 주세요.

  Which one is the iced Americano? 어떤 게 아이스 아메리카노예요?

- **sorry** 미안한, 마음이 안 좋은

  We are truly sorry. 저희가 정말 죄송합니다.

  I feel sorry for you. 너에 대해 마음이 안 좋아. (네가 안쓰러워.)

- **okay** 괜찮은

  Is that okay? 괜찮아요?

  I am not okay. 저 안 괜찮아요.

STEP 3 핵심 패턴 익히기 | 방송을 시청하며 각 문장의 핵심 패턴을 익히세요.

A: Mr. Gym! Your order's ready! Gym 고객님! 주문하신 음료 준비되었습니다!

be (형용사) (형용사)하다

Your drink is ready. 당신의 음료가 준비되었습니다.

The weather is chilly. 날씨가 쌀쌀해.

B: Um... I ordered the iced Americano.

음… 저 아이스 아메리카노 주문했는데요.

order (명사) (명사)를 주문하다

I ordered the tomato soup. 저 토마토 수프 주문했는데요.

Order it now. 그거 지금 주문해.

A: I'm so sorry. Give me just a few minutes.

정말 죄송해요. 몇 분만 주세요.

a few (복수명사) (복수명사) 몇 개

Give me a few hours. 몇 시간만 줘.

I need a few dollars. 나 몇 달러 필요해.

B: That's okay. Take your time. 괜찮아요. 천천히 하세요.

take one's time (여유를 가지고) 천천히 하다

You can take your time. 천천히 하셔도 돼요.

I took my time. 난 천천히 했어.

STEP 4 직접 손영작/입영작 | 핵심 패턴을 사용하여 손으로 영작하고 입으로 영작하세요.

1. 당신의 샌드위치가 준비되었습니다. ____________________

2. 뭔가 달콤한 걸 주문해. ____________________

3. 나 사람 몇 명 고용했어. ____________________

4. 저 천천히 해도 돼요? ____________________

정답 | **1.** Your sandwich is ready. **2.** Order something sweet. **3.** I hired a few people. **4.** Can I take my time?

DAY 054

동호회에서 알게 된 인연

방송시청 _____회 ▸ 손영작 _____회 ▸ 입영작 _____회 ▸ 반복낭독 _____회

STEP 1 **Today's Dialogue** | 방송으로 대화를 들으며 빈칸에 알맞은 단어를 최대한 채워 보세요.

A: **So, what __________ did you go to?**
그래서, 학교는 어디 나오셨어요?

B: **I went to Mayu __________ in New York.**
저 뉴욕에 있는 마유 대학 다녔어요.

A: **__________! I'm a MU graduate, too!**
말도 안 돼! 저도 마유대 졸업생이에요!

B: **What? What a __________!** 네? 이런 우연이!

빈칸 단어 익히기 | 예문으로 단어의 쓰임을 익히세요.

■ **school** 학교, 공부하는 곳
Let's go to school. 학교 가자.
Are you still at school? 너 아직 학교에 있어?

■ **university** 대학교
He went to EBS University. 걔는 EBS 대학에 다녔어.
I went to university in London. 난 런던에서 대학을 다녔어.

■ **No way!** 말도 안 돼!
No way! You are lying! 말도 안 돼! 너 거짓말하는 거지?
No way! Is it true? 말도 안 돼! 진짜인가요?

■ **coincidence** 우연
It's no coincidence. 그건 우연이 아니야.
It was a strange coincidence. 그건 신기한 우연이었어.

STEP 3 핵심 패턴 익히기 | 방송을 시청하며 각 문장의 핵심 패턴을 익히세요.

A: So, what school did you go to? 그래서, 학교는 어디 나오셨어요?

What (명사) 무슨 (명사)

What color did you choose? 넌 무슨 색을 골랐어?

What year did you graduate? 너 몇 년도에 졸업했어?

B: I went to Mayu University in New York.

저 뉴욕에 있는 마유 대학 다녔어요.

go to (학교) (학교)에 다니다

My sister goes to Mayu Women's University. 우리 언니는 마유 여대에 다녀.

I go to WCB College. 나 WCB 대학 다녀.

A: No way! I'm a MU graduate, too! 말도 안 돼! 저도 마유대 졸업생이에요!

a(n) (학교) graduate (학교) 졸업생

I am an MWU graduate. 나 MWU 대학 졸업생이야.

Is she really a WCB College graduate? 걔 정말 WCB 대학 졸업생이야?

B: What? What a coincidence! 네? 이런 우연이!

What a coincidence! 이런 우연이!

What a coincidence! I'm Canadian, too! 이런 우연이! 저도 캐나다인이에요!

What a coincidence! I live here, too! 이런 우연이! 저도 여기 살아요!

직접 손영작/입영작 | 핵심 패턴을 사용하여 손으로 영작하고 입으로 영작하세요.

1. 넌 무슨 차를 운전해? ______________________

2. 우린 New York University에 다녀. ______________________

3. 난 Peter 대학 졸업생이야. ______________________

4. 이런 우연이! 나도 한국인이야! ______________________

정답 | **1.** What car do you drive? **2.** We go to New York University. **3.** I am a Peter University graduate. **4.** What a coincidence! I am Korean, too!

DAY 055

진짜 영웅인 줄 알았네

방송시청 ____회 ▶ 손영작 ____회 ▶ 입영작 ____회 ▶ 반복낭독 ____회

STEP 1 Today's Dialogue | 방송으로 대화를 들으며 빈칸에 알맞은 단어를 최대한 채워 보세요.

A: Is that Mayu Man from The ________?
저 사람 The Heroes에 나오는 마유맨인가?

B: Nah, he's just wearing the ________.
아니야, 그냥 그 코스튬 입은 거야.

A: Should we take some ________ with him?
같이 사진 좀 찍어야 하나?

B: He's probably going to ________ us.
아마 우리한테 돈 달라고 할 거야.

STEP 2 빈칸 단어 익히기 | 예문으로 단어의 쓰임을 익히세요.

- **hero 영웅**
  You are my hero, Superman. 슈퍼맨, 당신은 제 영웅입니다.
  They are all heroes. 그들은 전부 영웅입니다.

- **costume 코스튬, 복장**
  The baby is wearing a costume. 그 아기는 코스튬을 입고 있어.
  I wore a costume that day. 나 그날 코스튬 입었어.

- **photo 사진**
  I need a photo for my passport. 나 여권에 넣을 사진 필요해.
  The photo is in black and white. 그 사진은 흑백이야.

- **charge 청구하다**
  They didn't charge us. 그들은 우리에게 청구 안 했어.
  You charged me twice. 저에게 두 번 청구하셨어요.

STEP 3 핵심 패턴 익히기 | 방송을 시청하며 각 문장의 핵심 패턴을 익히세요.

A: Is that Mayu Man from The Heroes?
저 사람 The Heroes에 나오는 마유맨인가?

from (명사) (명사)에 나오는

Aren't you Mayu from WCB English? 왕초보영어에 나오는 마유 아니에요?

Is she Elsa from Frozen? 저 여자분 겨울왕국에 나오는 엘사 아니니?

B: Nah, he's just wearing the costume. 아니야, 그냥 그 코스튬 입은 거야.

Nah. 아니야.

Nah, I am okay. 아니, 난 괜찮아.

Nah, I am still single. 아니, 난 아직 (애인이 없는) 혼자야.

A: Should we take some photos with him? 같이 사진 좀 찍어야 하나?

Should we (동사원형)? 우리 (동사원형)해야 하나?

Should we eat later? 우리 나중에 먹어야 하나?

Should we talk to him? 우리 그와 얘기해야 하나?

B: He's probably going to charge us. 아마 우리한테 돈 달라고 할 거야.

probably 아마도

She is probably rich. 걔는 아마 부자일 거야.

I am probably right. 내가 아마 맞을 거야.

STEP 4 직접 손영작/입영작 | 핵심 패턴을 사용하여 손으로 영작하고 입으로 영작하세요.

1. 당신 Titanic에 나오는 Leo 아니에요? ____________________

2. 아니야, 난 그냥 피곤한 거야. ____________________

3. 우리 그거 지금 주문해야 하나? ____________________

4. 그들은 아마 젊을 거야. ____________________

정답 | **1.** Aren't you Leo from Titanic? **2.** Nah, I am just tired. **3.** Should we order it now? **4.** They are probably young.

DAY 056

장난감에 발이 달렸나?

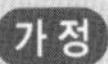

방송시청 _____회 ▶ 손영작 _____회 ▶ 입영작 _____회 ▶ 반복낭독 _____회

STEP 1 **Today's Dialogue** | 방송으로 대화를 들으며 빈칸에 알맞은 단어를 최대한 채워 보세요.

A: Mom, have you seen my __________ toy?
엄마, 제 펭귄 장난감 보신 적 있어요?

B: Don't tell me you __________ it. 설마 잃어버린 건 아니겠지?

A: I swear I __________ it on my bed. 맹세코 침대 위에 놔뒀는데.

B: Check inside the __________ or under the bed.
벽장 속이나 침대 밑을 확인해 봐.

빈칸 단어 익히기 | 예문으로 단어의 쓰임을 익히세요.

■ **penguin** 펭귄

The penguins are swimming. 펭귄들이 헤엄치고 있어.
Is that a real penguin? 저거 진짜 펭귄이야?

■ **lose** 잃어버리다

I have lost my bracelet. 나 팔찌 잃어버렸어.
Don't lose the ring. 그 반지 잃어버리지 마.

■ **put** 놓다, 놔두다

Just put it here. 그거 그냥 여기 놔둬.
I put it on the table. 나 그거 테이블 위에 놔뒀어.

■ **closet** 벽장

Ellie is hiding in the closet. Ellie는 벽장 안에 숨어있어.
Open the closet. 벽장을 열어 봐.

STEP3 **핵심 패턴 익히기** | 방송을 시청하며 각 문장의 핵심 패턴을 익히세요.

A: Mom, have you seen my penguin toy?
엄마, 제 펭귄 장난감 보신 적 있어요?

Have you (p.p.)? 너 (p.p.)해 본 적 있어?

Have you seen my wallet? 너 내 지갑 본 적 있어?

Have you watched this movie? 너 이 영화 본 적 있어?

B: Don't tell me you lost it. **설마 잃어버린 건 아니겠지?**

Don't tell me + (평서문). 설마 (평서문)인 건 아니겠지?

Don't tell me you ate my pie. 너 설마 내 파이를 먹은 건 아니겠지?

Don't tell me you dropped it. 너 설마 그걸 떨어뜨린 건 아니겠지?

A: I swear I put it on my bed. **맹세코 침대 위에 놔뒀는데.**

I swear + (평서문). 맹세코 (평서문)이야. / 나 (평서문)이라고 맹세해.

I swear I ate the carrots. 맹세코 나 그 당근 먹었어.

I swear I saw a ghost. 맹세코 나 귀신 봤어.

B: Check inside the closet or under the bed.
벽장 속이나 침대 밑을 확인해 봐.

under (명사) (명사)의 밑에/밑으로

Did you check under the bed? 침대 밑에 확인해 봤어?

The ball went under the bed. 공이 침대 밑으로 들어갔어.

 **직접 손영작/입영작** | 핵심 패턴을 사용하여 손으로 영작하고 입으로 영작하세요.

1. 너 내 머리핀 본 적 있어? ______________________

2. 너 설마 그걸 고장 낸 건 아니겠지? ______________________

3. 맹세코 나 그거 안 만졌어. ______________________

4. 그거 침대 밑에 있어? ______________________

정답 | **1.** Have you seen my hairpin? **2.** Don't tell me you broke it. **3.** I swear I didn't touch it. **4.** Is it under the bed?

DAY 057

Peter는 실물이 더 나아

방송시청 _____회 ▶ 손영작 _____회 ▶ 입영작 _____회 ▶ 반복낭독 _____회

STEP 1 Today's Dialogue | 방송으로 대화를 들으며 빈칸에 알맞은 단어를 최대한 채워 보세요.

A: I ran into Peter in Beverly Hills __________!

오늘 Beverly Hills에서 Peter 마주쳤어!

B: You __________, Peter Bint from WCB English?

왕초보영어 나오는 Peter Bint 말하는 거야?

A: Yeah! He looked better __________!

어! 실물이 더 나아 보이더라고!

B: You are so __________! I want to meet him, too!

엄청 운 좋네! 나도 만나 보고 싶다!

STEP 2 빈칸 단어 익히기 | 예문으로 단어의 쓰임을 익히세요.

- **today** 오늘

I have to leave today. 나 오늘 떠나야 돼.

Today is Friday. 오늘은 금요일이야.

- **mean** 의미하다, 의도하다

It means it's too late. 그건 너무 늦었다는 걸 의미해. (늦었다는 말이야.)

I mean, you. 내 말은 (그러니까), 너 말이야.

- **in person** 직접 (만나서), 실물로

I met him in person. 난 그를 직접 만났어.

I talked to her in person. 난 그녀와 직접 만나서 얘기했어.

- **lucky** 행운인, 운이 좋은

Am I lucky? 내가 운이 좋은 건가?

That's a lucky star! 저건 행운의 별이야!

STEP 3 핵심 패턴 익히기 | 방송을 시청하며 각 문장의 핵심 패턴을 익히세요.

A: I ran into Peter in Beverly Hills today!

오늘 Beverly Hills에서 Peter 마주쳤어!

run + into (목적어) (목적어)를 마주치다/우연히 만나다

I ran into my old friend. 난 오랜 친구를 마주쳤어.

She ran into her ex. 걔는 전 애인을 마주쳤어.

B: You mean, Peter Bint from WCB English?

왕초보영어 나오는 Peter Bint 말하는 거야?

You mean, (명사)? (명사)를 말하는 거야?

You mean, James? James를 말하는 거야?

You mean, Friday? 금요일 말하는 거야?

A: Yeah! He looked better in person! 어! 실물이 더 나아 보이더라고!

look better in person 실물이 더 나아 보이다

You look better in person. 넌 실물이 더 나아 보여.

Jim looks better in person. Jim은 실물이 더 나아 보여.

B: You are so lucky! I want to meet him, too!

엄청 운 좋네! 나도 만나 보고 싶다!

meet (목적어) (목적어)를 만나다

I want to meet her. 난 그녀를 만나 보고 싶어.

We met in Paris. 우린 파리에서 만났죠.

STEP 4 직접 손영작/입영작 | 핵심 패턴을 사용하여 손으로 영작하고 입으로 영작하세요.

1. 난 우리 삼촌을 마주쳤어. ______________________

2. 오늘 말하는 거야? ______________________

3. 내 남편은 실물이 더 나아 보여. ______________________

4. 난 마유를 만나 보고 싶어. ______________________

정답 | **1.** I ran into my uncle. **2.** You mean, today? **3.** My husband looks better in person. **4.** I want to meet Mayu.

DAY 058 승무원이 되고 싶은 아이

방송시청 ____회 ▸ 손영작 ____회 ▸ 입영작 ____회 ▸ 반복낭독 ____회

STEP 1 Today's Dialogue | 방송으로 대화를 들으며 빈칸에 알맞은 단어를 최대한 채워 보세요.

A: **I will be a flight attendant like you ________.**
저도 언젠가 언니처럼 승무원이 될 거예요.

B: **Oh, you will! Believe in ________.**
오, 그렇게 될 거야! 네 자신을 믿으렴.

A: **But I'm not so ________.** 그렇지만 전 그렇게 예쁘지 않은 걸요.

B: **Looks are not important. You just need ________!**
외모는 중요하지 않아. 자신감만 있으면 돼!

STEP 2 빈칸 단어 익히기 | 예문으로 단어의 쓰임을 익히세요.

- **someday** 언젠가

Someday, she will be my wife. 언젠가, 그녀는 내 아내가 될 거야.
I want to be a doctor someday. 난 언젠가 의사가 되고 싶어.

- **yourself** 네 자신

You know yourself. 너도 네 자신을 알잖아.
Trust yourself. 네 자신을 믿어.

- **pretty** 예쁜

My girlfriend is pretty. 내 여자 친구는 예뻐.
It's a pretty dress! 예쁜 드레스다!

- **confidence** 자신감

I need more confidence. 난 자신감이 더 필요해.
Have some confidence. 자신감을 좀 가져.

STEP 3 **핵심 패턴 익히기** | 방송을 시청하며 각 문장의 핵심 패턴을 익히세요.

A: I will be a flight attendant like you someday.
저도 언젠가 언니처럼 승무원이 될 거예요.

like (목적어) (목적어)처럼/같은

I want to marry someone like her. 난 그녀 같은 사람과 결혼하고 싶어.

I want to be like you. 난 당신처럼 되고 싶어요.

B: Oh, you will! Believe in yourself. 오, 그렇게 될 거야! 네 자신을 믿으렴.

believe + in (목적어) (목적어)를 믿다

I should believe in myself. 내 자신을 믿어야겠어.

Do you believe in God? 신을 믿나요?

A: But I'm not so pretty. 그렇지만 전 그렇게 예쁘지 않은 걸요.

not so (형용사) 그렇게 (형용사)하진 않은

I am not so tall. 난 그렇게 키가 크진 않아.

She is not so mean. 걔는 그렇게 못되진 않아.

B: Looks are not important. You just need confidence!
외모는 중요하지 않아. 자신감만 있으면 돼!

just need (명사) (명사)만 있으면 된다

I just need my family. 난 내 가족만 있으면 돼.

You just need your passport. 본인 여권만 있으면 됩니다.

STEP 4 **직접 손영작/입영작** | 핵심 패턴을 사용하여 손으로 영작하고 입으로 영작하세요.

1. 난 당신처럼 선생님이 되고 싶어요. ________________

2. 넌 네 자신을 믿니? ________________

3. 우린 그렇게 친하진 않아. ________________

4. 난 네 사랑만 있으면 돼. ________________

정답 | **1.** I want to be a teacher like you. **2.** Do you believe in yourself? **3.** We are not so close. **4.** I just need your love.

DAY 059 약속에 늦는 것도 한두 번이지

방송시청 ____회 ▶ 손영작 ____회 ▶ 입영작 ____회 ▶ 반복낭독 ____회

STEP 1 Today's Dialogue | 방송으로 대화를 들으며 빈칸에 알맞은 단어를 최대한 채워 보세요.

A: Peter, I'm sorry. I'm running ________.
Peter, 미안. 나 늦어지고 있어.

B: Wow, what a ________! You are late every time!
와, 놀라워라! 너 항상 늦잖아!

B: What's your ________ this time? 이번엔 무슨 변명을 대려고?

A: My ________ didn't wake me up. 우리 강아지가 날 안 깨워 줬어.

STEP 2 빈칸 단어 익히기 | 예문으로 단어의 쓰임을 익히세요.

■ **late** **늦은 / 늦게**

Are we late? 우린 늦은 거니?

I woke up late. 나 늦게 일어났어.

■ **surprise** **놀라게 만드는 일, 서프라이즈**

I have a surprise for you. 널 위한 서프라이즈가 있어.

That's no surprise. 놀랍지도 않네. (놀랄 일이 아니야. / 그럴 줄 알았어.)

■ **excuse** **변명**

That's a lame excuse. 형편없는 변명이네.

She is making up an excuse. 걔는 변명을 지어내고 있어.

■ **dog** **개**

Whose dog is this? 얘는 누구의 개야?

I am a dog person. 난 개를 좋아하는 사람이야.

STEP 3 **핵심 패턴 익히기** | 방송을 시청하며 각 문장의 핵심 패턴을 익히세요.

A: Peter, I'm sorry. I'm running late. Peter, 미안. 나 늦어지고 있어.

running late 늦어지고 있는

We are running late. 저희 늦어지고 있어요. (좀 늦을 것 같아요.)

Rose says she is running late. Rose가 늦어지고 있다네요.

B: Wow, what a surprise! You are late every time!

와, 놀라워라! 너 항상 늦잖아!

every time 매번, 항상

Kevin is late every time! Kevin은 매번 늦어!

She gets an A every time! 걔는 매번 A를 받아!

B: What's your excuse this time? **이번엔 무슨 변명을 대려고?**

this time 이번에

What's the matter this time? 이번엔 문제가 뭔데?

I will get it right this time. 이번엔 그걸 맞힐게. (이번엔 제대로 할게.)

A: My dog didn't wake me up. **우리 강아지가 날 안 깨워 줬어.**

wake (목적어) up (목적어)를 깨우다

Wake me up at 5. 5시에 나를 깨워 줘.

I woke them up in the morning. 내가 아침에 걔네를 깨웠어.

직접 손영작/입영작 | 핵심 패턴을 사용하여 손으로 영작하고 입으로 영작하세요.

1. 너 또 늦어지고 있니? ______________________

2. 그는 그의 열쇠를 매번 잊어. ______________________

3. 이번엔 뭐가 벌어진 거야? ______________________

4. 지금 당장 그를 깨워. ______________________

정답 | **1.** Are you running late again? **2.** He forgets his key every time. **3.** What happened this time? **4.** Wake him up right now.

DAY 060 나 홀로 여행도 괜찮지

방송시청 _____회 ▶ 손영작 _____회 ▶ 입영작 _____회 ▶ 반복낭독 _____회

STEP 1 Today's Dialogue | 방송으로 대화를 들으며 빈칸에 알맞은 단어를 최대한 채워 보세요.

A: **I've never traveled __________ before.**
난 전에 절대 혼자 여행해 본 적이 없어.

B: **Solo __________ are cool, too.** 혼자 가는 여행도 멋지지.

B: **You can go __________ you want.** 원하는 어디든 갈 수 있잖아.

A: **That's __________. I can't do that with my girlfriend.**
그건 맞네. 여자 친구랑은 그렇게 못하거든.

빈칸 단어 익히기 | 예문으로 단어의 쓰임을 익히세요.

■ **alone** 혼자서

I always work alone. 난 항상 혼자 일해.

I am watching a movie alone. 나 혼자서 영화 보고 있어.

■ **trip** 여행

Enjoy your trip. 여행을 즐겨.

Have a safe trip. 안전한 여행 되세요.

■ **anywhere** 어디든

We can go anywhere. 우린 어디든 갈 수 있어.

Anywhere is fine. 어디든 괜찮아.

■ **true** 진실인, 사실인, 맞는

It's not true, right? 사실이 아니지, 응?

I hope it's true. 진실이면 좋겠다.

STEP 3 **핵심 패턴 익히기** | 방송을 시청하며 각 문장의 핵심 패턴을 익히세요.

A: **I've never traveled alone before.** 난 전에 절대 혼자 여행해 본 적이 없어.

have never (p.p.) 절대[한 번도] (p.p.)해 본 적 없다

I have never been to Europe. 난 절대 유럽에 가 본 적 없어.

Kyle has never traveled alone. Kyle은 절대 혼자 여행해 본 적이 없어.

B: **Solo trips are cool, too.** 혼자 가는 여행도 멋지지.

too 또한, ~도

Your lifestyle is cool, too. 네 삶의 방식(생활 방식)도 멋져.

These sneakers are comfortable, too. 이 운동화도 편해요.

B: **You can go anywhere you want.** 원하는 어디든 갈 수 있잖아.

(명사) you want 원하는 (명사)

Choose any color you want. 원하는 아무 색이나 골라.

You can eat anything you want. 원하는 아무거나 먹어도 돼.

A: **That's true. I can't do that with my girlfriend.**

그건 맞네. 여자 친구랑은 그렇게 못하거든.

with (목적어) (목적어)와

I can't do that with my husband. 내 남편이랑은 그렇게 못해.

I never go shopping with my wife. 난 절대 아내랑은 쇼핑하러 안 가.

STEP 4 **직접 손영작/입영작** | 핵심 패턴을 사용하여 손으로 영작하고 입으로 영작하세요.

1. 난 절대 서울에 살아 본 적 없어. ______________________

2. 이 자동차도 빨라. ______________________

3. 원하는 아무 방이나 골라. ______________________

4. 난 내 여자 친구랑 점심 먹고 있어. ______________________

정답 | **1.** I have never lived in Seoul. **2.** This car is fast, too. **3.** Choose any room you want. **4.** I am having lunch with my girlfriend.

DAY 061 아들을 진정시켜 주는 지혜

방송시청 ____회 ▸ 손영작 ____회 ▸ 입영작 ____회 ▸ 반복낭독 ____회

STEP 1 **Today's Dialogue** | 방송으로 대화를 들으며 빈칸에 알맞은 단어를 최대한 채워 보세요.

A: **Mom, Brian made fun of my __________.**
엄마, Brian 형이 제 신발 가지고 놀렸어요.

A: **He says they look __________.** 제 신발이 못생겨 보인대요.

B: **He was probably __________.** 형이 아마 농담으로 그런 걸 거야.

B: **Don't be __________.** 기분 상하지 말렴.

STEP 2 **빈칸 단어 익히기** | 예문으로 단어의 쓰임을 익히세요.

- **shoe(s) 신발**

Are these your shoes? 이거 네 신발이야?
Your shoes look too old. 너 신발 너무 오래돼 보여.

- **ugly 못생긴**

You are not ugly. 너 못생기지 않았어.
It's an ugly-looking car. 못생긴 차네.

- **joke 농담하다**

I am just joking. 나 그냥 농담하는 거야.
Are you joking right now? 너 지금 농담하는 거야?

- **upset 기분 상한**

Are you still upset? 너 아직 기분 상했어?
I was upset before. 나 아까 전에 기분 상했어.

STEP 3 핵심 패턴 익히기 | 방송을 시청하며 각 문장의 핵심 패턴을 익히세요.

A: Mom, Brian made fun of my shoes.
엄마, Brian 형이 제 신발 가지고 놀렸어요.

make fun + of (목적어) (목적어)를 놀리다

Don't make fun of my bag. 내 가방 놀리지 마.

She made fun of us. 걔가 우릴 놀렸어.

A: He says they look ugly. 제 신발이 못생겨 보인대요.

look (형용사) (형용사)해 보이다

You look slim. 너 날씬해 보여.

She looks pretty in that dress. 걔 그 드레스 입으니까 예뻐 보여.

B: He was probably joking. 형이 아마 농담으로 그런 걸 거야.

probably 아마도

She was probably mad. 걔는 아마 화가 났을 거야.

It's probably Jonathan's. 그거 아마 Jonathan의 것일 거야.

B: Don't be upset. 기분 상하지 말렴.

Don't be (형용사). (형용사)하지 마. / (형용사)하게 굴지 마.

Don't be so cheap. 그렇게 너무 짜게(인색하게) 굴지 마.

Don't be jealous. 질투하지 마.

STEP 4 직접 손영작/입영작 | 핵심 패턴을 사용하여 손으로 영작하고 입으로 영작하세요.

1. 난 널 놀리지 않았어. ____________________

2. 그들은 귀여워 보여. ____________________

3. 그녀는 아마도 일본인일 거야. ____________________

4. 슬퍼하지 마. ____________________

정답 | **1.** I didn't make fun of you. **2.** They look cute. **3.** She is probably Japanese. **4.** Don't be sad.

DAY 062 포메라니안 키우려면 그 정도 희생은

방송시청 _____회 ▶ 손영작 _____회 ▶ 입영작 _____회 ▶ 반복낭독 _____회

STEP 1 Today's Dialogue | 방송으로 대화를 들으며 빈칸에 알맞은 단어를 최대한 채워 보세요.

A: **My dog is __________ so much.** 우리 개 털이 엄청 빠져.

B: **It's because he's a __________.** 너희 개가 포메라니안이니까 그렇지.

B: **You should __________ his hair more often.**
더 자주 털을 빗어 줘야 해.

A: **I know, but it's too cold __________.** 아는데, 밖이 너무 춥잖아.

STEP 2 빈칸 단어 익히기 | 예문으로 단어의 쓰임을 익히세요.

- **shed** 털이 빠지다

  My dog sheds its hair everywhere. 우리 개는 여기저기에 털을 날려요.

  The shedding season begins soon. 털갈이 기간이 곧 시작돼.

- **Pomeranian** 포메라니안 종의 개

  My dog is a Pomeranian. 우리 개는 포메라니안이야.

  Pomeranians are my favorite. 포메라니안이 내가 가장 좋아하는 개야.

- **brush** 빗질을 하다, 솔질을 하다

  Let me brush your hair. 머리 빗어 줄게.

  Did you brush your teeth? 너 이 닦았어?

- **outside** 밖, 바깥

  It's so hot outside! 밖에 엄청 더워!

  Look outside! 밖을 봐!

STEP 3 핵심 패턴 익히기 | 방송을 시청하며 각 문장의 핵심 패턴을 익히세요.

A: My dog is shedding so much. 우리 개 털이 엄청 빠져.

so much 엄청 많이

We ate so much. 우리 엄청 많이 먹었어.

I am sweating so much. 난 땀을 엄청 많이 흘리고 있어.

B: It's because he's a Pomeranian. 너희 개가 포메라니안이니까 그렇지.

It's because (평서문). (평서문)이라서 그래.

It's because I am shy. 내가 수줍어서 그래.

It's because English is easy. 영어가 쉬워서 그래.

B: You should brush his hair more often. 더 자주 털을 빗어 줘야 해.

more often 더 자주

Visit us more often. 저희를 더 자주 방문해 주세요.

Exercise more often. 더 자주 운동해.

A: I know, but it's too cold outside. 아는데, 밖이 너무 춥잖아.

too (형용사) 너무 (형용사)한

The temperature is too high. 온도가 너무 높아.

Las Vegas is too far. 라스베이거스는 너무 멀어.

STEP 4 직접 손영작/입영작 | 핵심 패턴을 사용하여 손으로 영작하고 입으로 영작하세요.

1. 난 널 엄청 많이 사랑해. ____________________

2. 네가 똑똑해서 그래. ____________________

3. 이를 더 자주 닦아. ____________________

4. 그 물은 너무 차가워. ____________________

정답 | **1.** I love you so much. **2.** It's because you are smart. **3.** Brush your teeth more often. **4.** The water is too cold.

DAY 063 전문 메이크업을 받아 보자

방송시청 _____회 ▶ 손영작 _____회 ▶ 입영작 _____회 ▶ 반복낭독 _____회

STEP 1 Today's Dialogue | 방송으로 대화를 들으며 빈칸에 알맞은 단어를 최대한 채워 보세요.

A: **OK, Miss. Have a __________ here.** 좋습니다, 손님. 여기 앉으세요.

B: **Can you make my face look __________?**
얼굴 더 갸름하게 보이게 해 주실 수 있어요?

A: **Sure. Is this for a __________?** 그럼요. 사진 촬영용인가요?

B: **No, I have a __________.** 아뇨, 소개팅이 있어요.

STEP 2 빈칸 단어 익히기 | 예문으로 단어의 쓰임을 익히세요.

- **seat** 좌석, 자리

Where is your seat? 네 좌석은 어디니?
The seat is really comfy. 좌석이 정말 편해.

- **slim** 날씬한

She has a slim body. 걔는 몸이 날씬해.
You look really slim. 너 정말 날씬해 보여.

- **photoshoot** 사진 촬영

I have a photoshoot today. 나 오늘 사진 촬영 있어.
The photoshoot is scheduled for tomorrow. 그 사진 촬영은 내일로 잡혀 있어.

- **blind date** 소개팅

How was your blind date? 소개팅 어땠어?
The blind date went well. 소개팅 잘 됐어.

STEP 3 핵심 패턴 익히기 | 방송을 시청하며 각 문장의 핵심 패턴을 익히세요.

A: OK, Miss. Have a seat here. 좋습니다, 손님. 여기 앉으세요.

have a seat 앉다

You can have a seat. 앉으셔도 돼요.

Please have a seat. 앉아 주세요.

B: Can you make my face look slimmer?

얼굴 더 갸름하게 보이게 해 주실 수 있어요?

make (목적어) (동사원형) (목적어)를 (동사원형)하게 만들다

It made him work harder. 그게 그를 더 열심히 일하게 만들었어.

Don't make me cry. 날 울게 만들지 마.

A: Sure. Is this for a photoshoot? 그럼요. 사진 촬영용인가요?

for (명사) (명사)를 위한 / (명사)용인

The photo is for my passport. 그 사진은 제 여권용이에요.

The jacket is for women. 그 재킷은 여성용이에요.

B: No, I have a blind date. 아뇨, 소개팅이 있어요.

have a date 데이트가 있다

I have a date this weekend. 나 이번 주말에 데이트 있어.

She has a blind date tomorrow. 걔는 내일 소개팅이 있어.

STEP 4 직접 손영작/입영작 | 핵심 패턴을 사용하여 손으로 영작하고 입으로 영작하세요.

1. 여기 앉으시는 게 어때요? ______________________

2. 난 그를 달리게 만들었어. ______________________

3. 그건 네 생일을 위한 거니? ______________________

4. 나 어제 데이트 있었어. ______________________

정답 | **1.** Why don't you have a seat here? **2.** I made him run. **3.** Is it for your birthday? **4.** I had a date yesterday.

DAY 064 좋은 일로 전근 가는 동료

방송시청 _____회 ▸ 손영작 _____회 ▸ 입영작 _____회 ▸ 반복낭독 _____회

STEP 1 Today's Dialogue | 방송으로 대화를 들으며 빈칸에 알맞은 단어를 최대한 채워 보세요.

A: **I'm moving to the Busan ___________.** 나 부산 지점으로 전근 가.

B: **What? What ___________?** 뭐? 무슨 일인데?

A: **They need a new ___________ there.**
거기 새로운 관리자가 필요하대.

B: **Man... Let's keep in touch, ___________.**
이런… 연락하고 지내자고, 친구.

STEP 2 빈칸 단어 익히기 | 예문으로 단어의 쓰임을 익히세요.

■ **branch** 지점

She moved to the Pennsylvania branch.
그녀는 펜실베이니아 지점으로 전근 갔어.

We have many branches. 저희는 지점이 많아요.

■ **happen** 벌어지다, 일어나다

Something definitely happened. 뭔가 확실히 벌어졌어.

What's happening here? 여기 무슨 일이 벌어지고 있는 거지?

■ **manager** 매니저, 관리인

I have a personal manager. 난 개인 매니저가 있어.

Who is the manager here? 여기 관리인이 누구죠?

■ **dude** 친구

What's going on, dude? 어떻게 지내, 친구?

That's right, dude. 맞아, 친구.

STEP 3 핵심 패턴 익히기 | 방송을 시청하며 각 문장의 핵심 패턴을 익히세요.

A: I'm moving to the Busan branch. 나 부산 지점으로 전근 가.

move to (명사) (명사)로 옮기다

I am moving to the Jeju branch. 나 제주 지점으로 옮겨.

When did you move to America? 너 미국으로 언제 이민 갔어?

B: What? What happened? 뭐? 무슨 일인데?

What (동사)? 뭐가 (동사)해?

What happened there? 거기 뭐가 벌어졌니?

What helped you? 뭐가 널 도와줬어?

A: They need a new manager there. 거기 새로운 관리자가 필요하대.

there 거기에, 거기에서, 거기로

Just go there. 그냥 거기에 가.

I met him there. 난 그를 거기에서 만났어.

B: Man... Let's keep in touch, dude. 이런… 연락하고 지내자고, 친구.

keep in touch 연락하고 지내다

We should keep in touch. 우리 연락하고 지내야겠어.

We still keep in touch. 우리 여전히 연락하고 지내.

STEP 4 직접 손영작/입영작 | 핵심 패턴을 사용하여 손으로 영작하고 입으로 영작하세요.

1. 난 인천 지점으로 옮겼어. ______________________

2. 여기 뭐가 벌어졌니? ______________________

3. 우린 거기에 살아. ______________________

4. 너 연락하고 지내고 싶니? ______________________

정답 | **1.** I moved to the Incheon branch. **2.** What happened here? **3.** We live there. **4.** Do you want to keep in touch?

DAY 065

하필 장마철에 놀러 왔네

방송시청 _____회 ▶ 손영작 _____회 ▶ 입영작 _____회 ▶ 반복낭독 _____회

STEP 1 Today's Dialogue | 방송으로 대화를 들으며 빈칸에 알맞은 단어를 최대한 채워 보세요.

A: Does it __________ rain in San Francisco?
샌프란시스코에는 항상 비가 오나요?

A: It's been __________ a week. 거의 일주일이 됐네요.

B: It's __________. That's why. 장마철이잖아요. 그래서 그래요.

B: Go and get yourself __________. 가서 레인 부츠 하나 장만해요.

STEP 2 빈칸 단어 익히기 | 예문으로 단어의 쓰임을 익히세요.

- **always** 항상

It always snows here. 여긴 항상 눈이 와.

I always wake up late. 난 항상 늦게 일어나.

- **almost** 거의

I almost lost my bag. 나 내 가방 잃어버릴 뻔했어.

Dave is almost 50. Dave는 거의 50살이야.

- **rainy season** 장마철

Is it rainy season here? 여기 장마철이야?

Rainy season is just around the corner. 장마철이 임박했어.

- **rain boot(s)** 레인 부츠, 장화

You have fancy rain boots! 레인 부츠 화려하네!

I am wearing rain boots. 나 레인 부츠 신고 있어.

STEP 3 **핵심 패턴 익히기** | 방송을 시청하며 각 문장의 핵심 패턴을 익히세요.

A: Does it always rain in San Francisco?
샌프란시스코에는 항상 비가 오나요?

It (동사). 날씨가 (동사)하다.

It never rains in San Diego. 샌디에이고에는 절대 비가 안 와.

It snowed here yesterday. 어제 여기 눈 왔어.

A: It's been almost a week. **거의 일주일이 됐네요.**

It's been (기간). (기간)이 됐어/지났어.

It's been two days. 이틀이 됐어.

It's been 30 minutes. 30분이 지났어.

B: It's rainy season. That's why. **장마철이잖아요. 그래서 그래요.**

That's why. 그래서 그래.

You are cool. That's why. 넌 멋지잖아. 그래서 그래.

She is jealous. That's why. 걔는 질투가 나는 거야. 그래서 그래.

B: Go and get yourself rain boots. **가서 레인 부츠 하나 장만해요.**

Get yourself (명사). (명사)를 하나 장만해.

Get yourself a nice shirt. 괜찮은 셔츠를 하나 장만해.

Go and get yourself a hat. 가서 모자를 하나 장만해.

STEP 4 **직접 손영작/입영작** | 핵심 패턴을 사용하여 손으로 영작하고 입으로 영작하세요.

1. 어제 비가 왔니? ______________________

2. 10분이 지났어. ______________________

3. 네가 잘생겼잖아. 그래서 그래. ______________________

4. 소파를 하나 장만해. ______________________

정답 | **1.** Did it rain yesterday? **2.** It's been 10 minutes. **3.** You are good-looking. That's why. **4.** Get yourself a sofa.

DAY 066

한밤중의 비명

방송시청 ____회 ▸ 손영작 ____회 ▸ 입영작 ____회 ▸ 반복낭독 ____회

STEP 1 Today's Dialogue | 방송으로 대화를 들으며 빈칸에 알맞은 단어를 최대한 채워 보세요.

A: Oh, help me, God! I'm __________! 오, 맙소사! 나 죽겠어요!

B: What's __________, honey? Are you okay?
무슨 일이야, 여보? 괜찮아?

A: I just stubbed my __________ on the table!
탁자에 발가락을 찧었어!

B: Ooh. That's the greatest __________ in the world.
아이고, 세상 최고의 고통이지.

STEP 2 빈칸 단어 익히기 | 예문으로 단어의 쓰임을 익히세요.

■ **die** 죽다

The battery just died. 배터리가 방금 죽어 버렸어.

The poor cat died. 그 불쌍한 고양이가 죽었어.

■ **wrong** 잘못된, 틀린, 문제인

Well, it's not wrong. 뭐, 그게 틀리진 않지.

I can't be wrong. 내가 틀릴 리가 없어.

■ **toe** 발가락

I see your toes. 네 발가락이 보여.

She is perfect from head to toe. 그녀는 머리부터 발끝까지 완벽해.

■ **pain** 고통

I can't stand the pain. 그 고통을 참을 수 없어.

The pain was so bad. 고통이 엄청 심했어.

STEP 3 **핵심 패턴 익히기** | 방송을 시청하며 각 문장의 핵심 패턴을 익히세요.

A: **Oh, help me, God! I'm dying!** 오, 맙소사! 나 죽겠어요!

be [~ing] (~ing)하고 있다

The ship is sinking. 배가 가라앉고 있어.

The bird is chirping. 새가 짹짹거리고 있어.

B: **What's wrong, honey? Are you okay?** 무슨 일이야, 여보? 괜찮아?

What is (형용사)? 뭐가 (형용사)해?

What is good here? 여기 뭐가 맛있어?

What is famous in Seoul? 서울엔 뭐가 유명해?

A: **I just stubbed my toe on the table!** 탁자에 발가락을 찧었어!

stub one's toe + on (명사) (명사)에 발가락을 찧다

I stubbed my toe on the chair! 의자에 발가락을 찧었어!

She stubbed her toe on the table. 그녀는 탁자에 발가락을 찧었어.

B: **Ooh. That's the greatest pain in the world.**

아이고, 세상 최고의 고통이지.

in the world 세상에서

I am the luckiest boyfriend in the world. 난 세상 최고 운 좋은 남자 친구야.

This is the longest bridge in the world. 이건 세상에서 가장 긴 다리야.

직접 손영작/입영작 | 핵심 패턴을 사용하여 손으로 영작하고 입으로 영작하세요.

1. 그는 빠르게 걷고 있어. ______________________

2. 여기 뭐가 인기 있어요? ______________________

3. 난 책상에 발가락을 찧었어. ______________________

4. 이건 세상에서 가장 작은 전화기야. ______________________

정답 | **1.** He is walking fast. **2.** What is popular here? **3.** I stubbed my toe on the desk. **4.** This is the smallest phone in the world.

DAY 067 얼굴에 뻔히 보이는데

방송시청 ____회 ▶ 손영작 ____회 ▶ 입영작 ____회 ▶ 반복낭독 ____회

STEP 1 Today's Dialogue | 방송으로 대화를 들으며 빈칸에 알맞은 단어를 최대한 채워 보세요.

A: Let me __________. You ate ramyun last night, right? 내가 맞혀 보지. 너 어젯밤에 라면 먹었지?

B: Holy... How did you __________? 맙소사… 어떻게 알았어?

A: Your face is all __________. 얼굴이 완전 부었잖아.

B: I was so hungry. I couldn't __________ it.
엄청 배고팠다고. 참을 수가 없었어.

STEP 2 빈칸 단어 익히기 | 예문으로 단어의 쓰임을 익히세요.

- **guess** 알아맞히다, 추측하다

You guessed it correctly. 너 맞게 추측했어. (제대로 맞혔어.)

Can you guess? 알아맞힐 수 있어요?

- **know** 알다, 알고 있다

My dad knows everything. 우리 아빠는 다 아셔.

I didn't know that. 그건 몰랐어요.

- **bloated** 부은

Is my face bloated? 나 얼굴 부었어?

My body is all bloated. 나 몸이 다 부었어.

- **stand** 참다, 견디다

I can't stand him. 난 그를 견딜 수가 없어.

I can't stand your jokes. 난 네 농담을 견딜 수가 없어.

STEP3 **핵심 패턴 익히기** | 방송을 시청하며 각 문장의 핵심 패턴을 익히세요.

A: Let me guess. You ate ramyun last night, right?
내가 맞혀 보지. 너 어젯밤에 라면 먹었지?

last night 어젯밤에

I didn't eat anything last night. 나 어젯밤에 아무것도 안 먹었어.

Did you eat last night? 너 어젯밤에 먹었어?

B: Holy... How did you know? **맙소사… 어떻게 알았어?**

How (질문 어순)? 어떻게 (질문 어순)이지?

How did you lose weight? 너 살 어떻게 뺐어?

How did you get here? 너 여기에 어떻게 왔어?

A: Your face is all bloated. **얼굴이 완전 부었잖아.**

all 완전히, 아주

She is all happy. 걔는 완전 행복해.

My legs are all bloated. 다리가 완전 부었어.

B: I was so hungry. I couldn't stand it. **엄청 배고팠다고. 참을 수가 없었어.**

couldn't (동사원형) (동사원형)할 수 없었다

I couldn't find my key. 내 열쇠를 찾을 수가 없었어.

She couldn't open her eyes. 그녀는 눈을 뜰 수가 없었어.

직접 손영작/입영작 | 핵심 패턴을 사용하여 손으로 영작하고 입으로 영작하세요.

1. 너 어젯밤에 어디에 있었어? ______________________

2. 너 어떻게 날 알아? ______________________

3. 그녀의 얼굴이 완전 부었어. ______________________

4. 내 목을 움직일 수가 없었어. ______________________

정답 | **1.** Where were you last night? **2.** How do you know me? **3.** Her face is all bloated. **4.** I couldn't move my neck.

DAY 068 한번 입어 보기라도 하지

방송시청 _____회 ▸ 손영작 _____회 ▸ 입영작 _____회 ▸ 반복낭독 _____회

STEP 1 **Today's Dialogue** | 방송으로 대화를 들으며 빈칸에 알맞은 단어를 최대한 채워 보세요.

A: **Do you have a size 2 for this __________?**
이 블라우스 사이즈 2로 있나요?

B: **We only have __________ ones left.** 검정색만 남았어요.

B: **Do you want to __________ a size 4?**
사이즈 4 입어 보고 싶으세요?

A: **That'll be too __________ for me.** 저한테 너무 클 거예요.

빈칸 단어 익히기 | 예문으로 단어의 쓰임을 익히세요.

- **blouse** 블라우스
  This blouse is so cute! 이 블라우스 엄청 귀여워!
  I bought this blouse used. 나 이 블라우스 중고로 샀어.

- **black** 검정색 / 검정색인
  I have a black hairpin. 나 검정색 머리핀 있어.
  The color is black. 그 색은 검정이야.

- **try** 시도하다
  I tried again. 난 다시 시도했어.
  Keep trying. 계속 시도해 봐.

- **big** 큰
  The house is so big! 집이 엄청 크네!
  She has big feet. 걔는 발이 커.

STEP 3 핵심 패턴 익히기 | 방송을 시청하며 각 문장의 핵심 패턴을 익히세요.

A: **Do you have a size 2 for this blouse?** 이 블라우스 사이즈 2로 있나요?

Do you have a size (숫자) + for (명사)? (명사)가 사이즈 (숫자)로 있나요?

Do you have a size 4 for this blouse? 이 블라우스 사이즈 4로 있나요?

Do you have a size 6 for this dress? 이 드레스 사이즈 6으로 있나요?

B: **We only have black ones left.** 검정색만 남았어요.

We have only (명사) left. (명사)만 남아 있어요.

We only have yellow ones left. 노란색만 남아 있어요.

We only have small ones left. 작은 것만 남아 있어요.

B: **Do you want to try a size 4?** 사이즈 4 입어 보고 싶으세요?

Do you want to (동사원형)? (동사원형)하고 싶으신가요?

Do you want to try a size 8? 사이즈 8 입어 보고 싶으세요?

Do you want to try another size? 다른 사이즈 입어 보고 싶으세요?

A: **That'll be too big for me.** 저한테 너무 클 거예요.

will be (형용사) (형용사)할 것이다

That will be too small for me. 저한테 너무 작을 거예요.

The test will be pretty easy. 그 시험 꽤나 쉬울 거야.

STEP 4 직접 손영작/입영작 | 핵심 패턴을 사용하여 손으로 영작하고 입으로 영작하세요.

1. 이 치마 사이즈 2로 있나요? ______________________

2. 빨간색만 남아 있어요. ______________________

3. 사이즈 2 입어 보고 싶으세요? ______________________

4. 그건 저한테 너무 헐렁할 거예요. ______________________

정답 | **1.** Do you have a size 2 for this skirt? **2.** We only have red ones left. **3.** Do you want to try a size 2? **4.** That will be too loose for me.

DAY 069 손님이 전부 왕은 아니다 I

방송시청 ____회 ▸ 손영작 ____회 ▸ 입영작 ____회 ▸ 반복낭독 ____회

STEP 1 Today's Dialogue | 방송으로 대화를 들으며 빈칸에 알맞은 단어를 최대한 채워 보세요.

A: **You have to leave the ________, sir.**
가게에서 나가 주셔야겠습니다, 손님.

B: **No! You should ________ your guy!**
아니! 당신 직원이나 해고하셔야겠어!

A: **You were being ________ to him.**
직원에게 무례하게 구셨잖아요.

B: **How dare you! I'm a ________ here!**
어떻게 감히! 난 여기 손님이라고!

STEP 2 빈칸 단어 익히기 | 예문으로 단어의 쓰임을 익히세요.

■ **store** 가게, 상점

I am inside the store. 나 가게 안에 있어.

Where is your store? 가게가 어디에 있는데요?

■ **fire** 해고하다

I will fire you. 난 널 해고할 거야.

I hope she doesn't fire me. 그녀가 날 해고하지 않으면 좋겠어.

■ **rude** 무례한

They were so rude. 그들은 엄청 무례했어.

I hate rude people. 난 무례한 사람들이 너무 싫어.

■ **customer** 손님

They have many customers. 걔네는 손님이 많아.

You are the best customer. 당신은 최고의 손님이에요.

STEP 3 **핵심 패턴 익히기** | 방송을 시청하며 각 문장의 핵심 패턴을 익히세요.

A: **You have to leave the store, sir.** 가게에서 나가 주셔야겠습니다, 손님.

have to (동사원형) (동사원형)해야만 한다

I have to leave soon. 나 금방 가야 돼.

She has to stay here. 걔는 여기에 있어야 돼.

B: **No! You should fire your guy!** 아니! 당신 직원이나 해고하셔야겠어!

should (동사원형) (동사원형)해야겠다/하는 게 좋겠다

You should get some rest. 너 좀 쉬어야겠어.

I should call my wife. 내 아내에게 전화해야겠어.

A: **You were being rude to him.** 직원에게 무례하게 구셨잖아요.

be being (형용사) (형용사)하게 행동하다

You are being rude! 당신 무례하게 굴고 있잖아요!

She was being mean! 걔는 못되게 굴었어!

B: **How dare you! I'm a customer here!** 어떻게 감히! 난 여기 손님이라고!

How dare you! 어떻게 감히!

How dare you! Get out! 어떻게 감히! 나가거라!

How dare you! I am your boss! 어떻게 감히! 내가 당신 상사잖아!

 **직접 손영작/입영작** | 핵심 패턴을 사용하여 손으로 영작하고 입으로 영작하세요.

1. 나 지금 출근해야 돼. ______________________

2. 우리 일찍 잠자리에 들어야겠어. ______________________

3. 그녀는 무례하게 굴고 있어. ______________________

4. 어떻게 감히! 난 네 아버지잖니! ______________________

정답 | **1.** I have to go to work now. **2.** We should go to bed early. **3.** She is being rude. **4.** How dare you! I am your father!

DAY 070

다리 좀 펴고 비행해 보자

방송시청 ____회 ▸ 손영작 ____회 ▸ 입영작 ____회 ▸ 반복낭독 ____회

STEP 1 Today's Dialogue | 방송으로 대화를 들으며 빈칸에 알맞은 단어를 최대한 채워 보세요.

A: Do you have seats with more __________?
더 넓은 다리 공간이 있는 자리 있나요?

B: Yes, these are __________ seats.
네, 여기 보이는 게 프리미엄 좌석입니다.

B: I can __________ your seat for an extra $50.
추가 50달러에 좌석을 업그레이드해 드릴 수 있어요.

A: OK. I'll take this __________. 좋아요. 이 창가 자리로 할게요.

STEP 2 빈칸 단어 익히기 | 예문으로 단어의 쓰임을 익히세요.

- **legroom** 다리 공간
  I want more legroom. 전 더 넓은 다리 공간을 원해요.
  There is not enough legroom. 다리 공간이 충분치 않아.

- **premium** 프리미엄의, 고급의
  That's a premium option. 그건 프리미엄 옵션입니다.
  I want a premium seat. 전 고급 좌석을 원해요.

- **upgrade** 업그레이드하다
  They upgraded my seat. 그들이 내 자리를 업그레이드해 줬어.
  We have upgraded the software. 우리는 그 소프트웨어를 업그레이드했습니다.

- **window seat** 창가 자리
  Do you want a window seat? 창가 자리를 원하세요?
  I prefer a window seat. 전 창가 자리를 선호해요.

STEP 3 **핵심 패턴 익히기** | 방송을 시청하며 각 문장의 핵심 패턴을 익히세요.

A: **Do you have seats with more legroom?**

더 넓은 다리 공간이 있는 자리 있나요?

with (명사) (명사)가 있는 / (명사)를 가진

Can I have a room with a single-size bed?

싱글 사이즈 침대가 있는 방을 주실 수 있나요?

I bought a car with a sunroof. 난 선루프가 있는 차를 샀어.

B: **Yes, these are premium seats.** 네, 여기 보이는 게 프리미엄 좌석입니다.

these 이것들

These are gold rings. 이것들은 금반지입니다.

These are not my shoes. 이건 내 신발이 아니야.

B: **I can upgrade your seat for an extra $50.**

추가 50달러에 좌석을 업그레이드해 드릴 수 있어요.

for an extra (가격) 추가 (가격)에

You can get it for an extra $20. 추가 20달러에 그걸 받으실 수 있어요.

You will get VIP access for an extra $100.

추가 100달러에 VIP 출입권을 받으실 겁니다.

A: **OK. I'll take this window seat.** 좋아요. 이 창가 자리로 할게요.

take 사다 / 받아들이다

I will take two. 두 개 살게요.

I will take the aisle seat. 통로 자리로 할게요.

직접 손영작/입영작 | 핵심 패턴을 사용하여 손으로 영작하고 입으로 영작하세요.

1. 전 퀸 사이즈 침대가 있는 방을 원해요. ______________________

2. 이것들은 우리 누나 거야. ______________________

3. 추가 5달러에 그걸 업그레이드하세요. ______________________

4. 세 개 살게요. ______________________

정답 | **1.** I want a room with a queen-size bed. **2.** These are my sister's. **3.** Upgrade it for an extra $5. **4.** I will take three.

DAY 071 기념일이니 기분 좀 내 볼까?

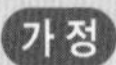

방송시청 _____회 ▶ 손영작 _____회 ▶ 입영작 _____회 ▶ 반복낭독 _____회

STEP 1 Today's Dialogue | 방송으로 대화를 들으며 빈칸에 알맞은 단어를 최대한 채워 보세요.

A: You look so __________ in that dress.
그 드레스 입으니까 엄청 예뻐 보이네.

B: Stop __________ me. Really? 그만 놀려. 정말이야?

A: I mean it. You look __________. 진심이야. 엄청 예뻐 보여.

B: I'm so excited for our date __________.
오늘 밤 데이트 엄청 설레.

STEP 2 빈칸 단어 익히기 | 예문으로 단어의 쓰임을 익히세요.

- **pretty** 예쁜

Am I pretty? 나 예뻐?
It's a pretty doll! 예쁜 인형이네!

- **tease** 놀리다

I am just teasing you. 그냥 놀리는 거야.
You are just teasing me, right? 그냥 놀리는 거지?

- **gorgeous** 아름다운, 엄청 예쁜

What a gorgeous view! 엄청 예쁜 뷰다!
You are a gorgeous woman. 당신은 아름다운 여자예요.

- **tonight** 오늘 밤, 오늘 밤에

I have a date tonight. 나 오늘 밤에 데이트 있어.
Tonight was different. 오늘 밤은 달랐어.

STEP 3 핵심 패턴 익히기 | 방송을 시청하며 각 문장의 핵심 패턴을 익히세요.

A: You look so pretty in that dress. 그 드레스 입으니까 엄청 예뻐 보이네.

in (명사) (명사)를 입으니까/입고서

You look cute in that shirt. 너 그 셔츠 입으니까 귀여워 보여.

She is dancing in her pajamas. 그녀는 파자마를 입고 춤추고 있어.

B: Stop teasing me. Really? 그만 놀려. 정말이야?

stop (~ing) 그만 (~ing)하다 / (~ing)하는 걸 멈추다

Stop talking! 말 좀 그만 해!

They stopped asking questions. 그들이 질문하는 걸 멈췄어.

A: I mean it. You look gorgeous. 진심이야. 엄청 예뻐 보여.

I mean it. 진심이야.

You are pretty. I mean it. 너 예뻐. 진심이야.

I hate you. I mean it. 난 네가 싫어. 진심이야.

B: I'm so excited for our date tonight. 오늘 밤 데이트 엄청 설레.

be excited + for (명사) (명사)가 설렌다/흥분된다/신난다

I am excited for the concert. 나 그 콘서트 설레.

Aren't you excited for our date? 우리 데이트 흥분되지 않아?

직접 손영작/입영작 | 핵심 패턴을 사용하여 손으로 영작하고 입으로 영작하세요.

1. 너 그 재킷 입으니까 잘생겨 보여. ______________________

2. 그만 노래해. ______________________

3. 너 귀여워. 진심이야. ______________________

4. 나 그 파티 설레. ______________________

정답 | **1.** You look handsome in that jacket. **2.** Stop singing. **3.** You are cute. I mean it. **4.** I am excited for the party.

DAY 072 화재가 발생했습니다

방송시청 ____회 ▸ 손영작 ____회 ▸ 입영작 ____회 ▸ 반복낭독 ____회

STEP 1 Today's Dialogue | 방송으로 대화를 들으며 빈칸에 알맞은 단어를 최대한 채워 보세요.

A: There is a fire upstairs, __________!
위층에 불이 났습니다, 여러분!

B: Oh, no! Should we take the __________?
오, 이런! 엘리베이터를 이용해야 할까요?

A: No, it's too __________. Take the stairs!
아뇨, 그건 너무 위험해요. 계단을 이용하세요!

B: Okay. Everyone, __________ my lead!
알겠어요. 모두들, 제 리드를 따르세요!

STEP 2 빈칸 단어 익히기 | 예문으로 단어의 쓰임을 익히세요.

- **everybody** 모두

Everybody, take the stairs. 모두들, 계단을 이용하세요.
Hello, everybody? 모두들[여러분] 안녕하세요?

- **elevator** 엘리베이터

I am in the elevator. 나 엘리베이터 안이야.
Get in the elevator. 엘리베이터에 타.

- **dangerous** 위험한

It's a dangerous city. 거긴 위험한 도시야.
The road is dangerous. 그 찻길은 위험해.

- **follow** 따르다, 따라가다

Follow his orders. 그의 명령을 따라.
Don't follow her. 그녀를 따라가지 마.

STEP 3 핵심 패턴 익히기 | 방송을 시청하며 각 문장의 핵심 패턴을 익히세요.

A: There is a fire upstairs, everybody! 위층에 불이 났습니다, 여러분!

upstairs 위층, 위층에, 위층으로

Let's go upstairs. 위층으로 가자.

There is someone upstairs. 위층에 누군가 있어.

B: Oh, no! Should we take the elevator?

오, 이런! 엘리베이터를 이용해야 할까요?

take the elevator 엘리베이터를 이용하다/타다

Let's take the elevator. 엘리베이터를 이용하자.

Why didn't you take the elevator? 왜 엘리베이터를 안 탔어?

A: No, it's too dangerous. Take the stairs!

아뇨, 그건 너무 위험해요. 계단을 이용하세요!

take the stairs 계단을 이용하다

Let's just take the stairs. 그냥 계단을 이용하자.

I don't want to take the stairs. 난 계단으로 가기 싫어.

B: Okay. Everyone, follow my lead! 알겠어요. 모두들, 제 리드를 따르세요!

(동사원형). (동사원형)하세요.

Follow me. 날 따라와.

Wait for him. 그를 기다려.

직접 손영작/입영작 | 핵심 패턴을 사용하여 손으로 영작하고 입으로 영작하세요.

1. 우리 엄마는 위층에 계셔. ______________________

2. 당신은 엘리베이터를 이용했나요? ______________________

3. 난 계단을 이용할 수가 없어. ______________________

4. 너의 엄마를 따라가. ______________________

정답 | **1.** My mom is upstairs. **2.** Did you take the elevator? **3.** I can't take the stairs. **4.** Follow your mom.

DAY 073 탑승 직전 비행기 표를 분실하다

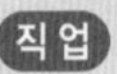

방송시청 _____회 ▶ 손영작 _____회 ▶ 입영작 _____회 ▶ 반복낭독 _____회

STEP 1 Today's Dialogue | 방송으로 대화를 들으며 빈칸에 알맞은 단어를 최대한 채워 보세요.

A: **Can I see your __________ please?**
탑승권을 보여 주실 수 있을까요?

B: **Oh, no. I think I __________ it.** 오, 이런. 분실한 거 같아요.

A: **Don't __________. You can show me your e-ticket.**
당황하지 마세요. e티켓을 보여 주셔도 돼요.

B: **Oh, thank God. Let me just __________.**
오, 참 다행이네요. 로그인만 하고요.

STEP 2 빈칸 단어 익히기 | 예문으로 단어의 쓰임을 익히세요.

- **boarding pass** 탑승권

  Have you seen my boarding pass? 내 탑승권 본 적 있어?

  Let me see your boarding pass. 탑승권을 보여 주세요.

- **lose** 잃어버리다

  Did you lose your mouse? 너 마우스 잃어버렸어?

  I have lost my credit card. 나 신용 카드 잃어버렸어.

- **panic** 당황하다

  I just panicked. 나 그냥 당황했어. (얼어버렸어.)

  Stop panicking! 그만 좀 당황해!

- **log in** 로그인하다

  Did you log in? 너 로그인했어?

  Let me log in first. 로그인부터 할게.

STEP 3 핵심 패턴 익히기 | 방송을 시청하며 각 문장의 핵심 패턴을 익히세요.

A: **Can I see your boarding pass please?** **탑승권을 보여 주실 수 있을까요?**

Can I (동사원형)? (동사원형)해도 될까요? / (동사원형)할 수 있을까요?

Can I see your ID? 신분증을 볼 수 있을까요?

Can I go first? 제가 먼저 가도 될까요?

B: **Oh, no. I think I lost it.** **오, 이런. 분실한 거 같아요.**

I think (평서문). 난 (평서문)이라고 생각해. / (평서문)인 것 같아.

I think it's at home. 그거 집에 있는 거 같아.

I think she is nervous. 걔가 긴장한 거 같아.

A: **Don't panic. You can show me your e-ticket.**

당황하지 마세요. e티켓을 보여 주셔도 돼요.

show (목적어) (명사) (목적어)에게 (명사)를 보여 주다

Show me the documents. 저에게 그 서류를 보여 주세요.

I showed him my ID. 난 그에게 내 신분증을 보여 줬어.

B: **Oh, thank God. Let me just log in.** **오, 참 다행이네요. 로그인만 하고요.**

Thank God. 참 다행이다.

Thank God! I was worried! 참 다행이야! 나 걱정했었어!

Thank God! I guess we are not late. 참 다행이네! 우리 안 늦은 거 같네.

STEP 4 직접 손영작/입영작 | 핵심 패턴을 사용하여 손으로 영작하고 입으로 영작하세요.

1. 저 집에 가도 될까요? ______________________________

2. 그들은 외로운 거 같아. ______________________________

3. 그녀에게 네 운전면허증을 보여 줘. ______________________________

4. 참 다행이다! 너 괜찮구나! ______________________________

정답 | **1.** Can I go home? **2.** I think they are lonely. **3.** Show her your driver's license. **4.** Thank God! You are okay!

DAY 074

손님이 전부 왕은 아니다 Ⅱ

방송시청 _____회 ▶ 손영작 _____회 ▶ 입영작 _____회 ▶ 반복낭독 _____회

STEP 1 Today's Dialogue | 방송으로 대화를 들으며 빈칸에 알맞은 단어를 최대한 채워 보세요.

A: I don't __________. I don't need customers like you.
상관 없어요. 당신 같은 손님 필요 없습니다.

B: I want his __________ right now!
당장 당신 직원의 사과를 받아야겠어!

A: Leave or I'll call the __________.
나가시지 않으면 경찰을 부르겠습니다.

B: I was just about to __________. 막 나가려는 참이었어요.

STEP 2 빈칸 단어 익히기 | 예문으로 단어의 쓰임을 익히세요.

- **care** 상관하다, 신경 쓰다

Do you care? 너 신경 쓰여?
Who cares? 누가 상관하니?

- **apology** 사과

You owe me an apology. 넌 내게 사과를 빚졌어. (사과해야 해.)
My apologies. 사과 드립니다.

- **police** 경찰

Did you call the police? 경찰 불렀어?
Someone, call the police! 누가 경찰 좀 불러 주세요!

- **leave** 떠나다, 가다

Don't leave yet. 아직 가지 마.
She left early today. 그녀는 오늘 일찍 퇴근했어.

STEP3 핵심 패턴 익히기 | 방송을 시청하며 각 문장의 핵심 패턴을 익히세요.

A: I don't care. I don't need customers like you.
상관 없어요. 당신 같은 손님 필요 없습니다.

like (목적어) (목적어) 같은

I hate people like you. 난 너 같은 사람들이 싫어.

I love people like her. 난 그녀 같은 사람들이 너무 좋아.

B: I want his apology right now! 당장 당신 직원의 사과를 받아야겠어!

right now 지금 당장

Call me back right now! 지금 당장 내게 도로 전화해!

Pay me back right now! 지금 당장 내 돈 갚아!

A: Leave or I'll call the police. 나가시지 않으면 경찰을 부르겠습니다.

or ~하지 않으면, 그렇지 않으면

Walk away or I will punch you. 물러나지 않으면 당신을 때릴 거예요.

Leave now or you will be sorry. 지금 나가지 않으면 후회할 거예요.

B: I was just about to leave. 막 나가려는 참이었어요.

be about to (동사원형) (동사원형)하려는 참이다

I am about to go home. 나 집에 가려는 참이야.

I was about to turn off my computer. 나 컴퓨터 끄려는 참이었어.

직접 손영작/입영작 | 핵심 패턴을 사용하여 손으로 영작하고 입으로 영작하세요.

1. 난 너 같은 학생들을 원해. ______________________

2. 지금 당장 여기로 와! ______________________

3. 조용히 하지 않으면 보안(요원)을 부르겠어. ______________________

4. 우린 떠나려는 참이야. ______________________

정답 | **1.** I want students like you. **2.** Come here right now! **3.** Be quiet or I will call security. **4.** We are about to leave.

DAY 075 비행기 옆 좌석 탑승객 깨우기

방송시청 ____회 ▶ 손영작 ____회 ▶ 입영작 ____회 ▶ 반복낭독 ____회

STEP 1 Today's Dialogue | 방송으로 대화를 들으며 빈칸에 알맞은 단어를 최대한 채워 보세요.

A: I'm ________ to wake you up. 깨워서 죄송해요.

A: I need to use the ________ so... 화장실을 써야 해서요…

B: Oh, no ________ at all. 오, 전혀 문제없죠.

B: I needed to ________ anyway. 어차피 스트레칭이 필요했어요.

STEP 2 빈칸 단어 익히기 | 예문으로 단어의 쓰임을 익히세요.

- **sorry** 미안한, 마음이 안 좋은

We are terribly sorry. 정말 죄송합니다.

I felt sorry in a way. 한편으론 마음이 안 좋았어.

- **bathroom** 화장실

Can I use the bathroom? 화장실 써도 돼요?

Where is the bathroom? 화장실이 어디예요?

- **problem** 문제

Is there a problem? 문제가 있나요?

That's no problem. 문제없죠.

- **stretch** 스트레칭을 하다

Stretch a little bit. 약간 스트레칭을 해.

You need to stretch. 너 스트레칭 해야 해.

STEP 3 핵심 패턴 익히기 | 방송을 시청하며 각 문장의 핵심 패턴을 익히세요.

A: I'm sorry to wake you up. **깨워서 죄송해요.**

I am sorry + to (**동사원형**). (동사원형)해서 죄송해요.

I am sorry to bother you. 귀찮게 해서 죄송해요.

I am sorry to interrupt. 방해해서 죄송합니다.

A: I need to use the bathroom so... **화장실을 써야 해서요…**

need to (**동사원형**) (동사원형)할 필요가 있다/해야 한다

I need to work out. 난 운동할 필요가 있어.

You need to take a walk. 넌 산책을 해야 해.

B: Oh, no problem at all. **오, 전혀 문제없죠.**

at all 조금도, 조금이라도

I am not worried at all. 난 조금도 걱정 안 돼.

Did you sleep at all last night? 어젯밤 조금이라도 잤니?

B: I needed to stretch anyway. **어차피 스트레칭이 필요했어요.**

anyway 어차피

I have to eat anyway. 나 어차피 먹어야 해.

We are going there anyway. 우리 어차피 거기에 가.

STEP 4 직접 손영작/입영작 | 핵심 패턴을 사용하여 손으로 영작하고 입으로 영작하세요.

1. 널 실망시켜서 미안해. ______________________

2. 우린 더 열심히 공부해야 할 필요가 있어. ______________________

3. 난 조금도 배가 안 고파. ______________________

4. 나 어차피 집에 가야 해. ______________________

정답 | **1.** I am sorry to disappoint you. **2.** We need to study harder. **3.** I am not hungry at all. **4.** I have to go home anyway.

DAY 076 기말고사로 힘든 아들

방송시청 ____회 ▸ 손영작 ____회 ▸ 입영작 ____회 ▸ 반복낭독 ____회

STEP 1 **Today's Dialogue** | 방송으로 대화를 들으며 빈칸에 알맞은 단어를 최대한 채워 보세요.

A: You seem very __________ today. 오늘 엄청 스트레스 받아 보이네.

B: I'm studying so hard for my __________.
기말고사를 대비해 엄청 열심히 공부 중이에요.

A: Let me make you a __________. 널 위해 샌드위치를 만들어 줄게.

B: No, thank you. I might __________. 사양할게요. 잠들지도 몰라요.

STEP 2 **빈칸 단어 익히기** | 예문으로 단어의 쓰임을 익히세요.

- **stressed** 스트레스 받은
  He seems stressed. 걔는 스트레스 받아 보여.
  Don't be so stressed. 그렇게 스트레스 받지 마.

- **finals** 기말고사
  When are your finals? 너 기말고사 언제야?
  I didn't study for the finals. 나 기말고사 공부 안 했어.

- **sandwich** 샌드위치
  I'd like a tuna sandwich. 참치 샌드위치 주세요.
  I had a sandwich for breakfast. 나 아침으로 샌드위치 먹었어.

- **fall asleep** 잠들다
  Don't fall asleep. 잠들지 마.
  I fell asleep in his class. 난 그의 수업에서 잠들었어.

STEP 3 핵심 패턴 익히기 | 방송을 시청하며 각 문장의 핵심 패턴을 익히세요.

A: You seem very stressed today. 오늘 엄청 스트레스 받아 보이네.

seem (형용사) (형용사)해 보이다

You seem worried. 너 걱정돼 보여.

She seems a bit nervous. 걔 약간 긴장돼 보여.

B: I'm studying so hard for my finals.

기말고사를 대비해 엄청 열심히 공부 중이에요.

study + for (명사) (명사)를 대비해 공부하다

I am studying for the math exam. 나 수학 시험 대비해 공부 중이야.

Did you study for the quiz? 너 그 쪽지 시험 대비해 공부했어?

A: Let me make you a sandwich. 널 위해 샌드위치를 만들어 줄게.

make (목적어) (명사) (목적어)를 위해 (명사)를 만들어 주다

Let me make you a cheeseburger. 널 위해 치즈버거 만들어 줄게.

I will make her some soup. 그녀를 위해 수프를 만들어 줄 거야.

B: No, thank you. I might fall asleep. 사양할게요. 잠들지도 몰라요.

might (동사원형) (동사원형)할지도 모른다

We might go to the movies. 우리 영화관 갈지도 몰라.

I might be late tomorrow. 나 내일 늦을지도 몰라.

직접 손영작/입영작 | 핵심 패턴을 사용하여 손으로 영작하고 입으로 영작하세요.

1. 그는 외로워 보여. ______________________

2. 그 시험을 대비해 공부하자. ______________________

3. 절 위해 샌드위치를 만들어 주실 수 있어요? ______________________

4. 나 곧 그만둘지도 몰라. ______________________

정답 | **1.** He seems lonely. **2.** Let's study for the exam. **3.** Can you make me a sandwich? **4.** I might quit soon.

DAY 077

AI가 있는데 영어를 왜 배워? I

방송시청 ____회 ▶ 손영작 ____회 ▶ 입영작 ____회 ▶ 반복낭독 ____회

STEP 1 Today's Dialogue | 방송으로 대화를 들으며 빈칸에 알맞은 단어를 최대한 채워 보세요.

A: **We don't have to learn English ________.**
우리 더 이상 영어 안 배워도 돼.

A: **AI can ________ everything for us.**
인공 지능이 우릴 위해 모든 걸 번역할 수 있거든.

B: **I don't want to rely on ________.** 난 기술에 의존하고 싶진 않아.

B: **I want to communicate like a ________.**
인간처럼 소통하고 싶어.

STEP 2 빈칸 단어 익히기 | 예문으로 단어의 쓰임을 익히세요.

■ **anymore** 더 이상
I can't eat anymore. 나 더 이상은 못 먹어.
She couldn't stand anymore. 그녀는 더 이상 참을 수가 없었어.

■ **translate** 번역하다
Translate this article for me. 날 위해 이 기사를 번역해 줘.
I can translate the document for you. 널 위해 내가 그 서류 번역할 수 있어.

■ **technology** 기술, 테크놀로지
Technology has advanced so much. 기술이 엄청 많이 발전했어.
They used the latest technology. 그들은 최신 기술을 사용했어.

■ **human being** 인간
I am a human being, too! 저도 인간입니다!
Human beings are foolish sometimes. 인간은 때때로 어리석다.

STEP 3 **핵심 패턴 익히기** | 방송을 시청하며 각 문장의 핵심 패턴을 익히세요.

A: **We don't have to learn English anymore.**
우리 더 이상 영어 안 배워도 돼.

don't have to (**동사원형**) (동사원형) 안 해도 된다

You don't have to worry about me. 내 걱정은 안 해도 돼.

She doesn't have to take the test. 걔는 그 시험 안 쳐도 돼.

A: **AI can translate everything for us.**
인공 지능이 우릴 위해 모든 걸 번역할 수 있거든.

can (**동사원형**) (동사원형)할 수 있다

I can translate this sentence. 나 이 문장 번역할 수 있어.

She can climb up the tree. 걔는 그 나무를 기어오를 수 있어.

B: **I don't want to rely on technology.** 난 기술에 의존하고 싶진 않아.

rely + on (**명사**) (명사)에 의존하다/기대다

We rely on gas. 우린 휘발유에 의존해.

Don't rely on it. 그것에 기대지는 마.

B: **I want to communicate like a human being.** 인간처럼 소통하고 싶어.

want to (**동사원형**) (동사원형)하고 싶다

I want to marry you. 난 너와 결혼하고 싶어.

He wanted to run away. 그는 도망가고 싶었어.

STEP 4 **직접 손영작/입영작** | 핵심 패턴을 사용하여 손으로 영작하고 입으로 영작하세요.

1. 넌 그걸 안 사도 돼. ______________________

2. 난 영어를 할 수 있어. ______________________

3. 돈에 의존하지 마. ______________________

4. 우린 집에 가고 싶어. ______________________

정답 | **1.** You don't have to buy it. **2.** I can speak English. **3.** Don't rely on money. **4.** We want to go home.

DAY 078 가성비 최고의 의자

방송시청 ____회 ▶ 손영작 ____회 ▶ 입영작 ____회 ▶ 반복낭독 ____회

STEP 1 Today's Dialogue | 방송으로 대화를 들으며 빈칸에 알맞은 단어를 최대한 채워 보세요.

A: **Can you recommend a good ________?**
괜찮은 의자 추천해 주실 수 있나요?

B: **If you're looking for a ________ chair, go for this one.** 편안한 의자를 찾고 계시면, 이걸로 하세요.

B: **It's the best bang for your ________.** 가성비 최고랍니다.

A: **Only $20? I'll ________ four!** 겨우 20달러요? 네 개 살게요!

STEP 2 빈칸 단어 익히기 | 예문으로 단어의 쓰임을 익히세요.

- **chair** 의자

We need more chairs. 우린 의자가 더 필요해.
This is a folding chair. 이건 접이식 의자야.

- **comfy** 편안한

What a comfy sofa! 엄청 편안한 소파네요!
I feel comfy here. 난 여기가 편해.

- **buck** 달러

I have two bucks. 나 2달러 있어.
She spent a few bucks. 걔는 몇 달러를 썼어.

- **take** 사다 / 취하다 / 받아들이다

I will take two. 두 개 살게요.
Take this card. 이 카드 받아.

STEP 3 핵심 패턴 익히기 | 방송을 시청하며 각 문장의 핵심 패턴을 익히세요.

A: **Can you recommend a good chair?** 괜찮은 의자 추천해 주실 수 있나요?

Can you recommend (명사)? (명사)를 추천해 줄 수 있나요?

Can you recommend a good movie? 괜찮은 영화 추천해 줄 수 있나요?

Can you recommend a few restaurants? 식당 몇 군데 추천해 줄 수 있어?

B: **If you're looking for a comfy chair, go for this one.**

편안한 의자를 찾고 계시면, 이걸로 하세요.

go for (명사) (명사)로 선택하다

I will go for this one. 난 이걸로 (선택)할래.

I want to go for the small one. 난 그 작은 걸로 (선택)하고 싶어.

B: **It's the best bang for your buck.** 가성비 최고랍니다.

the best bang for your buck 가성비 최고의 것

This is probably the best bang for your buck.

이게 아마 가성비 최고일 겁니다.

If you want the best bang for your buck, get this one.

가성비 최고를 원하면, 이걸 사.

A: **Only $20? I'll take four!** 겨우 20달러요? 네 개 살게요!

only 겨우

It's only $5. 그거 겨우 5달러야.

It took only 10 minutes. 그거 겨우 10분 걸렸어.

STEP 4 직접 손영작/입영작 | 핵심 패턴을 사용하여 손으로 영작하고 입으로 영작하세요.

1. 귀여운 카페를 추천해 줄 수 있어? ______________________

2. 난 저걸로 (선택)할래. ______________________

3. 가성비 최고를 원하면, 이 작은 걸 사. ______________________

4. 그거 겨우 30센트야. ______________________

정답 | **1.** Can you recommend a cute cafe? **2.** I will go for that one. **3.** If you want the best bang for your buck, get this small one. **4.** It's only 30 cents.

DAY 079

어머니 친구와 통화하기 I

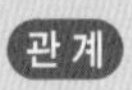

방송시청 _____회 ▶ 손영작 _____회 ▶ 입영작 _____회 ▶ 반복낭독 _____회

STEP 1 Today's Dialogue | 방송으로 대화를 들으며 빈칸에 알맞은 단어를 최대한 채워 보세요.

A: How is your __________ doing? 엄마는 어떻게 지내니?

B: Mom's doing well. She's very __________.
잘 지내세요. 아주 건강하시고요.

A: I'm glad to __________ that. 그렇다니 다행이구나.

B: She __________ about you all the time.
아주머니 얘기 매번 하세요.

STEP 2 빈칸 단어 익히기 | 예문으로 단어의 쓰임을 익히세요.

■ **mom** 엄마

Can I talk to your mom? 너희 엄마랑 통화할 수 있을까?

Mom is not home yet. 엄마는 아직 집에 안 오셨어요.

■ **healthy** 건강한

My mother is still very healthy. 우리 어머니는 아직 매우 건강하셔.

Live a healthy life. 건강한 삶을 사세요.

■ **hear** 듣다, 들리다

I didn't hear you. 네 말 못 들었어.

Do you hear this? 너 이 소리 들려?

■ **talk** 얘기하다

Stop talking about your husband! 네 남편 얘기 그만해!

We talked for hours. 우린 수 시간을 얘기했어.

STEP 3 핵심 패턴 익히기 | 방송을 시청하며 각 문장의 핵심 패턴을 익히세요.

A: **How is your mom doing?** 엄마는 어떻게 지내니?

How is/are (주어) doing? (주어)는 어떻게 지내?

How are you doing? 너 어떻게 지내?

How is your little brother doing? 네 어린 남동생은 어떻게 지내?

B: **Mom's doing well. She's very healthy.** 잘 지내세요. 아주 건강하시고요.

(주어) am/are/is doing well. (주어)는 잘 지내.

My parents are doing well. 부모님은 잘 지내셔.

I am doing well. 난 잘 지내.

A: **I'm glad to hear that.** 그렇다니 다행이구나.

be (형용사) (형용사)하다

I am happy to meet you. 당신을 만나서 기뻐요.

I am honored to be here. 여기 있게 되어 영광입니다.

B: **She talks about you all the time.** 아주머니 얘기 매번 하세요.

all the time 매번

I used to go there all the time. 난 거기 매번 가곤 했어.

They visit us here all the time. 그들은 여기 우릴 매번 방문해.

STEP 4 직접 손영작/입영작 | 핵심 패턴을 사용하여 손으로 영작하고 입으로 영작하세요.

1. 너희 부모님은 어떻게 지내시니? ______________________

2. 우린 잘 지내. ______________________

3. 난 기뻐. (다행이야.) ______________________

4. 우린 매번 이 게임을 해. ______________________

정답 | **1.** How are your parents doing? **2.** We are doing well. **3.** I am glad. **4.** We play this game all the time.

DAY 080

비행 중 귀마개가 필요한 이유

방송시청 _____회 ▶ 손영작 _____회 ▶ 입영작 _____회 ▶ 반복낭독 _____회

STEP 1 Today's Dialogue | 방송으로 대화를 들으며 빈칸에 알맞은 단어를 최대한 채워 보세요.

A: **Can I get __________?** 귀마개 주실 수 있나요?

A: **I can't stand the __________ next to me!**
제 옆에 있는 남자를 못 견디겠어요!

B: **He must be a __________, huh?** 코 엄청 고시나 보군요?

B: **I'll bring them to you __________.** 금방 가져다드릴게요.

STEP 2 빈칸 단어 익히기 | 예문으로 단어의 쓰임을 익히세요.

- **earplug(s)** 귀마개

I can't sleep without earplugs. 난 귀마개 없이는 못 자.

One of the earplugs is missing. 귀마개 한쪽이 없어.

- **guy** 남자

Who is that cute guy? 저 귀여운 남자는 누구야?

She is dating a nice guy. 걔는 착한 남자랑 사귀고 있어.

- **heavy snorer** 코를 심하게 고는 사람

My husband is a heavy snorer. 우리 남편은 코를 심하게 골아.

Are you a heavy snorer? 너 코 심하게 고니?

- **soon** 곧, 금방

It's going to happen soon. 그건 곧 벌어질 거야.

I will be back soon. 나 금방 돌아올게.

STEP 3 핵심 패턴 익히기 | 방송을 시청하며 각 문장의 핵심 패턴을 익히세요.

A: Can I get earplugs? 귀마개 주실 수 있나요?

Can I get (명사)? (명사) 주실 수 있나요?

Can I get a pillow? 베개 주실 수 있나요?

Can I get a blanket? 담요 주실 주 있나요?

A: I can't stand the guy next to me! 제 옆에 있는 남자를 못 견디겠어요!

next to (목적어) (목적어)의 옆에/옆에 있는

My desk is next to the door. 내 책상은 문 옆에 있어.

Do you see that girl next to James? James 옆에 저 여자애 보여?

B: He must be a heavy snorer, huh? 코 엄청 고시나 보군요?

must be (명사) 분명히 (명사)일 거야 / (명사)인가 보네

You must be Mayu's sister. 네가 마유의 여동생인가 보구나.

She must be a flight attendant. 그녀는 분명 승무원일 거야.

B: I'll bring them to you soon. 금방 가져다드릴게요.

bring (명사) + to (목적어) (명사)를 (목적어)에게 가져다주다

Bring it to me. 그걸 내게 가져다줘.

Can you bring the document to me? 그 서류를 내게 가져다줄 수 있니?

STEP 4 직접 손영작/입영작 | 핵심 패턴을 사용하여 손으로 영작하고 입으로 영작하세요.

1. 타월을 주실 수 있나요? ______________________

2. Daisy 옆에 있는 저 남자 보여? ______________________

3. 네가 Peter의 아들인가 보구나. ______________________

4. 그것들을 내게 가져다줘. ______________________

정답 | **1.** Can I get a towel? **2.** Do you see that man next to Daisy? **3.** You must be Peter's son. **4.** Bring them to me.

DAY 081 회사로 복귀하고 싶은 아내 I

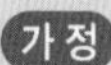

방송시청 _____회 ▸ 손영작 _____회 ▸ 입영작 _____회 ▸ 반복낭독 _____회

STEP 1 **Today's Dialogue** | 방송으로 대화를 들으며 빈칸에 알맞은 단어를 최대한 채워 보세요.

A: I want to go back to __________. 나 복직하고 싶어요.

A: What do you think, __________? 어떻게 생각해요, 여보?

B: __________, it's up to you. 음, 당신한테 달렸죠.

B: I guess we need a full-time __________, then.
그럼, 풀타임으로 아이 봐 줄 사람이 필요하겠네요.

STEP 2 **빈칸 단어 익히기** | 예문으로 단어의 쓰임을 익히세요.

- **work** 일

Did you go to work? 너 출근했어?
I have too much work. 난 일이 너무 많아.

- **honey** 자기야, 여보, 얘야

Honey, bring me some water. 자기야, 나한테 물 좀 가져다줘.
Are you okay, honey? 괜찮니, 얘야?

- **well** 음, 뭐

Well, that's not wrong. 음, 그게 틀리진 않지.
Well, at least I have a girlfriend. 뭐, 적어도 난 여자 친구가 있으니까.

- **babysitter** 아이 봐 주는 사람

We hired a babysitter. 우린 아이 봐 줄 사람을 고용했어.
This is our babysitter. 이분은 저희 아이 봐 주는 분이에요.

STEP 3 핵심 패턴 익히기 | 방송을 시청하며 각 문장의 핵심 패턴을 익히세요.

A: I want to go back to work. **나 복직하고 싶어요.**

go back to work 복직하다

When are you going back to work? 너 언제 복직해?

I don't want to go back to work. 나 복직하고 싶지 않아.

A: What do you think, honey? **어떻게 생각해요, 여보?**

What do you think? 어떻게 생각해?

What do you think, sir? 어떻게 생각하세요, 손님?

What do you think about this? 이거 어떻게 생각하세요?

B: Well, it's up to you. **음, 당신한테 달렸죠.**

up to (목적어) (목적어)에게 달린

It's up to them. 그건 그들에게 달렸어.

Everything is up to you. 모든 건 너에게 달렸어.

B: I guess we need a full-time babysitter, then.

그럼, 풀타임으로 아이 봐 줄 사람이 필요하겠네요.

I guess + (평서문). (평서문)인 것 같네.

I guess I need a new job. 내가 새 일자리가 필요한 거 같네.

I guess she doesn't like math. 걔는 수학을 안 좋아하는 거 같네.

직접 손영작/입영작 | 핵심 패턴을 사용하여 손으로 영작하고 입으로 영작하세요.

1. 저 언제 복직할 수 있어요? ______________________

2. 이 이름 어떻게 생각해? ______________________

3. 모든 건 당신 아내에게 달렸어요. ______________________

4. 그는 물리학을 안 좋아하는 거 같네. ______________________

정답 | **1.** When can I go back to work? **2.** What do you think about this name? **3.** Everything is up to your wife. **4.** I guess he doesn't like physics.

DAY 082

AI가 있는데 영어를 왜 배워? II

방송시청 _____회 ▶ 손영작 _____회 ▶ 입영작 _____회 ▶ 반복낭독 _____회

STEP 1 Today's Dialogue | 방송으로 대화를 들으며 빈칸에 알맞은 단어를 최대한 채워 보세요.

A: **Yeah, but computers don't make __________.**
그렇기는 한데, 컴퓨터는 실수를 안 하잖아.

B: **It's okay to make mistakes. That's __________.**
실수하는 건 괜찮아. 자연스러운 거지.

B: **Plus, it's good exercise for my __________.**
그것도 그렇고, 두뇌를 위한 좋은 운동이기도 하다고.

A: **Man... You are totally __________.** 이런… 네 말이 완전히 맞네.

STEP 2 빈칸 단어 익히기 | 예문으로 단어의 쓰임을 익히세요.

- **mistake** 실수

It's a simple mistake. 그건 단순한 실수야.
My mistake. I'm sorry. 내 실수. 미안해.

- **natural** 자연스러운

It was very natural. 그건 아주 자연스러웠어.
It doesn't look natural. 그건 자연스러워 보이지가 않아.

- **brain** 두뇌

Exercise your brain! 뇌를 운동 시켜!
Your brain controls your thoughts. 너의 뇌가 너의 생각들을 조종하는 거야.

- **right** 맞는, 옳은

Am I right? 내 말이 맞나요?
You made the right decision. 넌 옳은 결정을 한 거야.

STEP 3 핵심 패턴 익히기 | 방송을 시청하며 각 문장의 핵심 패턴을 익히세요.

A: Yeah, but computers don't make mistakes.

그렇기는 한데, 컴퓨터는 실수를 안 하잖아.

make a mistake 실수를 하다

I made a mistake again. 나 또 실수했어.

We all make mistakes. 우린 모두 실수를 해.

B: It's okay to make mistakes. That's natural.

실수하는 건 괜찮아. 자연스러운 거지.

It's okay + to (동사원형). (동사원형)하는 건 괜찮다.

It's okay to fail. 실수하는 건 괜찮아.

It's okay to ask for help. 도움을 요청하는 건 괜찮아.

B: Plus, it's good exercise for my brain.

그것도 그렇고, 두뇌를 위한 좋은 운동이기도 하다고.

Plus, 그것도 그렇고,

Plus, it's good for your health. 그것도 그렇고, 그건 건강에 좋아.

Plus, you will get free movie tickets.

그것도 그렇고, 무료 영화표도 받게 될 거야.

A: Man... You are totally right. 이런… 네 말이 완전히 맞네.

totally 완전히

She is totally right. 그녀 말이 완전히 맞아.

Patrick is totally my type. Patrick은 완전히 내 이상형이야.

직접 손영작/입영작 | 핵심 패턴을 사용하여 손으로 영작하고 입으로 영작하세요.

1. 난 실수를 안 했어. ______________________

2. 다시 시도하는 건 괜찮아. ______________________

3. 그것도 그렇고, 그건 무료야! ______________________

4. 이 치마는 완전히 내 스타일이야! ______________________

정답 | **1.** I didn't make a mistake. **2.** It's okay to try again. **3.** Plus, it's free! **4.** This skirt is totally my style!

DAY 083 달걀 프라이가 내 스타일이 아니야

방송시청 ____회 ▶ 손영작 ____회 ▶ 입영작 ____회 ▶ 반복낭독 ____회

STEP 1 Today's Dialogue | 방송으로 대화를 들으며 빈칸에 알맞은 단어를 최대한 채워 보세요.

A: I wanted my ________ sunny-side-up.
저 달걀 한쪽만 익혀 달라고 부탁드렸는데요.

B: We're terribly sorry! It's ________ mistake.
정말 죄송합니다! 저희 실수군요.

B: Please just ________ us a few minutes.
잠시만 시간 주세요.

A: That's okay. I'll just ________ them. 괜찮아요. 그냥 먹을게요.

빈칸 단어 익히기 | 예문으로 단어의 쓰임을 익히세요.

- **egg** 달걀

I don't like boiled eggs. 난 삶은 달걀을 안 좋아해.
I cooked some eggs. 내가 달걀을 좀 요리했어.

- **our** 우리의

That's our car. 저게 우리 차야.
Our friendship is strong. 우리의 우정은 강해.

- **give** ~를 주다, ~에게 주다

Give that to me. 그걸 내게 줘.
Give me that. 내게 그걸 줘.

- **eat** 먹다

I don't eat meat. 난 고기를 안 먹어.
Are you done eating? 너 다 먹었어?

STEP 3 핵심 패턴 익히기 | 방송을 시청하며 각 문장의 핵심 패턴을 익히세요.

A: I wanted my eggs sunny-side-up.
저 달걀 한쪽만 익혀 달라고 부탁드렸는데요.

I want (명사) (형용사). (명사)를 (형용사)하게 요리해 주세요.

I want my eggs well-done. 제 달걀은 완전히 익혀 주세요.

I want my steak rare. 제 스테이크는 덜 익혀 주세요.

B: We're terribly sorry! It's our mistake. 정말 죄송합니다! 저희 실수군요.

terribly sorry 정말 죄송한

I am terribly sorry! 정말 죄송해요!

We are terribly sorry, ma'am! 정말 죄송합니다, 부인!

B: Please just give us a few minutes. 잠시만 시간 주세요.

a few minutes 몇 분, 잠시

I need a few minutes. 저 몇 분 좀 필요해요.

Can you give me a few minutes? 잠시만 시간 주실 수 있어요?

A: That's okay. I'll just eat them. 괜찮아요. 그냥 먹을게요.

will (동사원형) (동사원형)할 것이다

I will just come back later. 그냥 나중에 돌아올게요.

We will be inside. 우린 안에 있을게.

STEP 4 직접 손영작/입영작 | 핵심 패턴을 사용하여 손으로 영작하고 입으로 영작하세요.

1. 제 스테이크는 완전히 익혀 주세요. ______________________

2. 정말 죄송합니다. 제 실수예요. ______________________

3. 저 잠시 시간 필요해요. ______________________

4. 제가 당신에게 의자 가져다드릴게요. ______________________

정답 | **1.** I want my steak well-done. **2.** I am terribly sorry. It's my mistake. **3.** I need a few minutes. **4.** I will bring you a chair.

DAY 084

어머니 친구와 통화하기 Ⅱ

방송시청 ____회 ▶ 손영작 ____회 ▶ 입영작 ____회 ▶ 반복낭독 ____회

STEP 1 Today's Dialogue | 방송으로 대화를 들으며 빈칸에 알맞은 단어를 최대한 채워 보세요.

A: **Really? I __________ her, too!**
정말이니? 아줌마도 너희 엄마가 보고 싶단다!

B: **Come and __________ us sometime.**
언제 한번 오셔서 방문해 주세요.

A: **__________! Tell her I said hi!** 물론이지! 엄마한테 안부 전해 주렴!

B: **__________. Take care of yourself, too!**
그럴게요. 아주머니도 몸 잘 돌보세요!

STEP 2 빈칸 단어 익히기 | 예문으로 단어의 쓰임을 익히세요.

- **miss** 보고 싶다, 그립다

I miss my girls. 내 딸들이 보고 싶네.
Don't you miss those days? 그 시절이 그립지 않니?

- **visit** 방문하다

Madonna visited Korea. 마돈나가 한국을 방문했어.
Visit her more often. 그녀를 더 자주 방문해.

- **definitely** 물론, 확실히

Oh, yeah! Definitely! 오, 그럼! 물론이지!
She definitely likes you. 걔가 확실히 널 좋아하네.

- **Will do.** 그럴게.

Thanks. Will do. 고마워. 그럴게.
Will do, man. Will do. 그럴게, 친구. 그렇게 할게.

STEP 3 핵심 패턴 익히기 | 방송을 시청하며 각 문장의 핵심 패턴을 익히세요.

A: Really? I miss her, too! **정말이니? 아줌마도 너희 엄마가 보고 싶단다!**

too 또한, ~도

I care for you, too. 나도 널 아껴.

We live in Chicago, too. 우리도 시카고에 살아.

B: Come and visit us sometime. **언제 한번 오셔서 방문해 주세요.**

sometime 언젠가

Let's have lunch together sometime. 언제 점심 같이 먹자.

Stop by my office sometime. 언제 우리 사무실에 들러.

A: Definitely! Tell her I said hi! **물론이지! 엄마한테 안부 전해 주렴!**

Tell (목적어) I said hi. (목적어)에게 안부 전해 줘.

Tell him I said hi. 걔한테 안부 전해 줘.

Tell your parents I said hi. 부모님께 안부 전해 줘.

B: Will do. Take care of yourself, too! **그럴게요. 아주머니도 몸 잘 돌보세요!**

take care + of (목적어) (목적어)를 돌보다

Take care of your health. 네 건강 돌봐.

I can take care of myself. 난 내 스스로를 돌볼 수 있어.

STEP 4 직접 손영작/입영작 | 핵심 패턴을 사용하여 손으로 영작하고 입으로 영작하세요.

1. 이 케이크도 먹어. ______________________

2. 언젠가 저녁 같이 먹자. ______________________

3. 너희 아빠에게 안부 전해 줘. ______________________

4. 그녀를 돌봐 줘. ______________________

정답 | **1.** Eat this cake, too. **2.** Let's have dinner together sometime. **3.** Tell your dad I said hi. **4.** Please take care of her.

DAY 085 부부끼리 각자 다른 침대에서 자게 생겼네

방송시청 _____회 ▸ 손영작 _____회 ▸ 입영작 _____회 ▸ 반복낭독 _____회

STEP 1 Today's Dialogue | 방송으로 대화를 들으며 빈칸에 알맞은 단어를 최대한 채워 보세요.

A: **Do you have a __________ with a queen-size bed?**
퀸 사이즈 침대 있는 방 있나요?

B: **We only have rooms with two single-size __________.** 싱글 사이즈 침대 두 개 있는 방만 있어요.

A: **Oh, no. I __________ I have no choice, then.**
오, 이런. 그럼 선택권이 없겠네요.

B: **The rates are __________ though.** 그래도 요금은 더 저렴합니다.

STEP 2 빈칸 단어 익히기 | 예문으로 단어의 쓰임을 익히세요.

■ **room** 방, 여유

We have three bedrooms. 우린 침실이 세 개야.

Someone is in the room. 누군가 방에 있어.

■ **bed** 침대, 잠자리

The bed is too old. 침대가 너무 오래됐어.

Go to bed now. 이제 잠자리에 들렴.

■ **guess** 추측하다, ~인가 보다

Can you guess my name? 내 이름 추측해 볼 수 있겠어?

I guess she is married. 걔는 결혼했나 보네.

■ **cheaper** 더 저렴한

Which one is cheaper? 어느 게 더 저렴해요?

The red one is cheaper. 빨간 것이 더 저렴합니다.

STEP 3 핵심 패턴 익히기 | 방송을 시청하며 각 문장의 핵심 패턴을 익히세요.

A: Do you have a room with a queen-size bed?
퀸 사이즈 침대 있는 방 있나요?

Do you have a room + with (명사)? (명사)가 있는 방이 있나요?

Do you have a room with a double-size bed?
더블 사이즈 침대 있는 방 있나요?

Do you have a room with two single-size beds?
싱글 사이즈 침대 두 개 있는 방 있나요?

B: We only have rooms with two single-size beds.
싱글 사이즈 침대 두 개 있는 방만 있어요.

only have (명사) (명사)만 있다

I only have this one. 나 이거만 있어. (이것 밖에 없어.)

We only have suites. 저희는 스위트룸만 있어요. (스위트룸 밖에 없어요.)

A: Oh, no. I guess I have no choice, then. **오, 이런. 그럼 선택권이 없겠네요.**

have no choice 선택권이 없다

We have no choice. 우린 선택권이 없어.

You have no choice. 넌 선택권이 없어.

B: The rates are cheaper though. **그래도 요금은 더 저렴합니다.**

though 하지만, 그래도

He is stronger though. 그래도 그가 더 강해.

I am not hungry though. 하지만, 난 배가 안 고파.

STEP 4 직접 손영작/입영작 | 핵심 패턴을 사용하여 손으로 영작하고 입으로 영작하세요.

1. 싱글 사이즈 침대 있는 방 있나요? ______________________

2. 나 5달러만 있어. (5달러 밖에 없어.) ______________________

3. 그녀는 선택권이 없어. ______________________

4. 그래도 그녀가 더 귀여워. ______________________

정답 | **1.** Do you have a room with a single-size bed? **2.** I only have $5. **3.** She has no choice.
4. She is cuter though.

DAY 086

회사로 복귀하고 싶은 아내 II

방송시청 ____회 ▶ 손영작 ____회 ▶ 입영작 ____회 ▶ 반복낭독 ____회

STEP 1 Today's Dialogue | 방송으로 대화를 들으며 빈칸에 알맞은 단어를 최대한 채워 보세요.

A: __________ a babysitter is expensive though.
그렇지만 아이 돌보는 분 고용하는 건 비싼데.

B: Yeah, but we'll have more __________.
그렇기는 한데, 우리 수입이 더 많아질 거니까.

A: Yeah, but Mayu will be very __________.
그렇기는 한데, 마유가 엄청 외로울 거예요.

B: I guess it's not an easy __________. 쉬운 결정은 아닌 것 같네요.

STEP 2 빈칸 단어 익히기 | 예문으로 단어의 쓰임을 익히세요.

- **hire** 고용하다
  We hired more people. 우린 더 많은 사람들을 고용했어.
  We are not hiring now. 저희는 현재 고용하고 있지 않습니다.

- **income** 수입, 소득
  She had so much income. 그녀는 엄청 수입이 컸어.
  I paid my income tax. 난 내 소득세를 냈어.

- **lonely** 외로운
  Don't be so lonely. 그렇게 외로워 하지 마.
  Christina is a lonely woman. Christina는 외로운 여자야.

- **decision** 결정
  It was the right decision. 그건 옳은 결정이었어.
  Make your decision now. 당장 결정을 내려.

STEP 3 핵심 패턴 익히기 | 방송을 시청하며 각 문장의 핵심 패턴을 익히세요.

A: Hiring a babysitter is expensive though.

그렇지만 아이 돌보는 분 고용하는 건 비싼데.

(~ing) (~ing)하는 것/하기

Learning English is fun. 영어를 배우는 건 재미있어.

I enjoy listening to music. 난 음악 듣기를 즐겨.

B: Yeah, but we'll have more income.

그렇기는 한데, 우리 수입이 더 많아질 거니까.

more (명사) 더 많은 (명사)

We have more students this month. 이번 달에 학생이 더 많아졌어.

The machine needs more power. 그 기계는 더 많은 힘이 필요해.

A: Yeah, but Mayu will be very lonely.

그렇기는 한데, 마유가 엄청 외로울 거예요.

will be (형용사) (형용사)할 것이다

They will be shocked. 그들은 충격 받을 거야.

Steve will be sad. Steve는 슬퍼할 거야.

B: I guess it's not an easy decision. 쉬운 결정은 아닌 것 같네요.

I guess + (평서문). (평서문)인가 보네.

I guess she is not lying. 걔가 거짓말하는 게 아닌가 보네.

I guess I am not your type. 내가 네 스타일이 아닌가 보네.

STEP 4 직접 손영작/입영작 | 핵심 패턴을 사용하여 손으로 영작하고 입으로 영작하세요.

1. 걷는 것은 너의 건강에 좋아. ______________________

2. 그들은 더 많은 현금이 필요해. ______________________

3. 우린 행복할 거야. ______________________

4. 마유는 배가 안 고픈가 보네. ______________________

정답 | **1.** Walking is good for your health. **2.** They need more cash. **3.** We will be happy. **4.** I guess Mayu is not hungry.

DAY 087

뒤늦게 결혼한 친구

방송시청 ____회 ▸ 손영작 ____회 ▸ 입영작 ____회 ▸ 반복낭독 ____회

STEP 1 Today's Dialogue | 방송으로 대화를 들으며 빈칸에 알맞은 단어를 최대한 채워 보세요.

A: So, how's your __________? 그래서, 결혼 생활 좀 어때?

B: At first, everything felt __________.
처음엔, 모든 게 어색하게 느껴졌어.

B: But __________, everything just feels right.
그런데 이젠, 모든 게 그냥 옳게 느껴져.

A: I'm happy you married a great __________.
네가 아주 좋은 여자랑 결혼해서 기뻐.

STEP 2 빈칸 단어 익히기 | 예문으로 단어의 쓰임을 익히세요.

- **marriage** 결혼 (생활)

This is our marriage certificate. 이게 우리 결혼(혼인) 증명서입니다.
Marriage is a special bond. 결혼은 특별한 유대감입니다.

- **awkward** 어색한

We both felt awkward. 우리 둘 다 어색한 기분이 들었어.
Working with others can be awkward. 다른 이들과 일하는 건 어색할 수 있어.

- **now** 이제, 지금

We are now friends. 우린 이제 친구야.
Now, she speaks English very well. 이제, 걔는 영어를 엄청 잘해.

- **woman** 여자

She is an intelligent woman. 그녀는 지적인 여자야.
There are some women outside. 밖에 여자들이 좀 있어.

STEP3 핵심 패턴 익히기 | 방송을 시청하며 각 문장의 핵심 패턴을 익히세요.

A: So, how's your marriage? **그래서, 결혼 생활 좀 어때?**

How is/are (명사)? (명사)는 어때?

How is your life in America? 미국에서의 삶은 어때?

How are your kids? 아이들은 좀 어때?

B: At first, everything felt awkward. **처음엔, 모든 게 어색하게 느껴졌어.**

at first 처음에는

At first, I was pretty nervous. 처음엔, 난 꽤나 긴장했어.

She was quiet at first. 그녀는 처음엔 조용했어.

B: But now, everything just feels right.

그런데 이젠, 모든 게 그냥 옳게 느껴져.

feel (형용사) (형용사)하게 느껴지다 / (형용사)한 기분이 든다

The wind felt cold. 그 바람은 차갑게 느껴졌어.

It just feels right. 그건 그냥 맞는 기분이 들어.

A: I'm happy you married a great woman.

네가 아주 좋은 여자랑 결혼해서 기뻐.

marry (목적어) (목적어)와 결혼하다

Will you marry me? 나랑 결혼해 줄래?

She married a lawyer. 걔는 변호사랑 결혼했어.

STEP4 직접 손영작/입영작 | 핵심 패턴을 사용하여 손으로 영작하고 입으로 영작하세요.

1. 그 수업은 어때? ______________________

2. 처음엔, 그들은 수줍었어. ______________________

3. 그건 좋은 기분이 드니? ______________________

4. 난 그녀와 결혼하고 싶지 않아. ______________________

정답 | **1.** How is the class? **2.** At first, they were shy. **3.** Does it feel good? **4.** I don't want to marry her.

DAY 088

공룡파 아이들과 로봇파 아이들

방송시청 _____회 ▸ 손영작 _____회 ▸ 입영작 _____회 ▸ 반복낭독 _____회

STEP 1 **Today's Dialogue** | 방송으로 대화를 들으며 빈칸에 알맞은 단어를 최대한 채워 보세요.

A: **What should I get my 7-year-old __________?**
일곱 살 아들에게 뭘 사 줘야 할까요?

B: **If this is a __________ gift, get him this toy.**
크리스마스 선물이라면, 이 장난감을 사 주세요.

B: **Kids usually love __________.** 아이들은 보통 공룡을 좋아하죠.

A: **__________, he's not into dinosaurs.**
아쉽게도, 아들이 공룡에 빠져 있진 않아요.

빈칸 단어 익히기 | 예문으로 단어의 쓰임을 익히세요.

- **son** 아들

I have two sons. 전 아들이 둘입니다.
My older son is a computer programmer. 내 큰 아들은 컴퓨터 프로그래머야.

- **Christmas** 크리스마스

Mayu loves Christmas. 마유는 크리스마스를 사랑해.
What are you doing on Christmas Day? 너 크리스마스 날에 뭐 해?

- **dinosaur** 공룡

My niece doesn't really like dinosaurs. 내 조카는 공룡을 별로 안 좋아해.
My nephew is into dinosaurs. 내 조카는 공룡에 빠져 있어.

- **unfortunately** 유감스럽게도, 아쉽게도

Unfortunately, she is not single. 아쉽게도, 걔는 싱글이 아니야.
Unfortunately, I don't have a job yet. 아쉽게도, 난 아직 취직 못했어.

STEP 3 핵심 패턴 익히기 | 방송을 시청하며 각 문장의 핵심 패턴을 익히세요.

A: What should I get my 7-year-old son?
일곱 살 아들에게 뭘 사 줘야 할까요?

What should I (동사원형)? 내가 뭘 (동사원형)해야 할까?

What should I eat for lunch? 나 점심으로 뭘 먹어야 할까?

What should I write about? 내가 뭐에 대해 써야 할까?

B: If this is a Christmas gift, get him this toy.
크리스마스 선물이라면, 이 장난감을 사 주세요.

if (평서문) (평서문)이라면

If you love me, stay. 날 사랑하면, 그냥 있어.

If you need help, call me anytime. 도움이 필요하면, 언제든 전화 줘.

B: Kids usually love dinosaurs. 아이들은 보통 공룡을 좋아하죠.

usually 보통

I usually wake up at 6. 난 보통 6시에 일어나.

She is usually at home on weekends. 걔는 주말에 보통 집에 있어.

A: Unfortunately, he's not into dinosaurs.
아쉽게도, 아들이 공룡에 빠져 있진 않아요.

be into (목적어) (목적어)에 빠져 있다/관심이 있다

Kevin is into you. Kevin은 너한테 빠져 있어.

What are you into these days? 너 요즘 뭐에 빠져 있니?

STEP 4 직접 손영작/입영작 | 핵심 패턴을 사용하여 손으로 영작하고 입으로 영작하세요.

1. 내가 뭘 읽어야 할까? ____________________

2. 너 배고프면, 이 쿠키들을 먹어. ____________________

3. 난 보통 일찍 잠자리에 들어. ____________________

4. 내 딸은 인형에 빠져 있어. ____________________

정답 | **1.** What should I read? **2.** If you are hungry, eat these cookies. **3.** I usually go to bed early. **4.** My daughter is into dolls.

DAY 089

역시 우리 부장님이 최고야

방송시청 _____회 ▶ 손영작 _____회 ▶ 입영작 _____회 ▶ 반복낭독 _____회

STEP 1 Today's Dialogue | 방송으로 대화를 들으며 빈칸에 알맞은 단어를 최대한 채워 보세요.

A: **Can I take a day off on __________?**
저 크리스마스이브에 연차 내도 될까요?

A: **I couldn't be with Amy __________ Christmas so...**
지난 크리스마스에 Amy와 있어 주질 못해서…

B: **I __________. She will need you.** 이해하네. 자네가 필요할 걸세.

B: **Go __________ and take two days off.** 그럼 이틀을 빼도록 하게.

STEP 2 빈칸 단어 익히기 | 예문으로 단어의 쓰임을 익히세요.

- **Christmas Eve** 크리스마스이브
  What are you doing on Christmas Eve? 크리스마스이브에 뭐 해?
  I have no plans for Christmas Eve. 나 크리스마스이브에 약속 없어.

- **last** 지난
  I was single last Christmas. 지난 크리스마스에 난 싱글이었어.
  He did well on the last exam. 걔는 마지막 시험에서 잘했어.

- **understand** 이해하다
  You don't understand! 넌 이해를 못해!
  She understood what I said. 걔는 내가 한 말을 이해했어.

- **ahead** 앞으로, 앞에서
  Move ahead. 앞으로 움직여.
  She is running ahead of us. 걔는 우리 앞에서 달리고 있어.

STEP 3 핵심 패턴 익히기 | 방송을 시청하며 각 문장의 핵심 패턴을 익히세요.

A: Can I take a day off on Christmas Eve?

저 크리스마스이브에 연차 내도 될까요?

take (기간) off (기간)을 빼다

Take a week off. 한 주를 빼.

I took 6 months off. 난 6개월을 뺐어.

A: I couldn't be with Amy last Christmas so...

지난 크리스마스에 Amy와 있어 주질 못해서…

couldn't (동사원형) (동사원형)할 수 없었다

I couldn't eat anything. 난 아무것도 먹을 수 없었어.

I couldn't be there for you. 난 널 위해 거기 있어 주지 못했어.

B: I understand. She will need you. **이해하네. 자네가 필요할 걸세.**

will (동사원형) (동사원형)할 것이다

She will blame you. 걔는 널 탓할 거야.

The baby will wake up. 아기가 깰 거야.

B: Go ahead and take two days off. **그럼 이틀을 빼도록 하게.**

Go ahead. 어서 해. / 그렇게 해. (허락)

Go ahead. 그렇게 해.

Go ahead and use the bathroom. 어서 화장실을 쓰렴.

STEP 4 직접 손영작/입영작 | 핵심 패턴을 사용하여 손으로 영작하고 입으로 영작하세요.

1. 난 3일을 뺐어. ______________________

2. 난 아무것도 할 수 없었어. ______________________

3. 그들은 다시 불평할 거야. ______________________

4. 어서 여기 앉으렴. ______________________

정답 | **1.** I took 3 days off. **2.** I couldn't do anything. **3.** They will complain again. **4.** Go ahead and sit here.

DAY 090

록펠러 센터의 크리스마스트리

방송시청 ____회 ▸ 손영작 ____회 ▸ 입영작 ____회 ▸ 반복낭독 ____회

STEP 1 Today's Dialogue | 방송으로 대화를 들으며 빈칸에 알맞은 단어를 최대한 채워 보세요.

A: **Can we go and see the ________ Christmas tree?**
우리 큰 크리스마스트리 보러 가면 안 돼요?

B: **You mean, the one in ________?**
네 말은, 뉴욕시에 있는 거 말이니?

A: **Yes! I want to ________ at Rockefeller Center, too!** 네! 록펠러 센터에서 스케이트도 타고 싶어요!

B: **OK, honey. I'll ________ Dad.** 그래, 얘야. 아빠한테 물어보마.

STEP 2 빈칸 단어 익히기 | 예문으로 단어의 쓰임을 익히세요.

- **huge** 엄청 큰

Look at the huge hippo! 저 엄청 큰 하마 좀 봐!
The playground is huge! 놀이터가 엄청 커!

- **New York City** 뉴욕시

Mayu used to work in New York City. 마유는 뉴욕시에서 일하곤 했어.
Where is New York City? 뉴욕시가 어디에 있어?

- **skate** 스케이트를 타다

I learned how to skate. 나 스케이트 타는 법 배웠어.
Let's go skating! 스케이트 타러 가자!

- **ask** ~에게 물어보다, 물어보다

I asked my uncle. 나 우리 삼촌한테 물어봤어.
Stop asking questions! 질문 좀 그만 해!

STEP 3 핵심 패턴 익히기 | 방송을 시청하며 각 문장의 핵심 패턴을 익히세요.

A: Can we go and see the huge Christmas tree?
우리 큰 크리스마스트리 보러 가면 안 돼요?

go and see 보러 가다

Let's go and see the zebras. 얼룩말을 보러 가자.

Can we go and see the tower? 그 타워를 보러 가도 돼요?

B: You mean, the one in New York City? 네 말은, 뉴욕시에 있는 거 말이니?

You mean, (명사)? (명사) 말이니? / (명사)를 말하는 거야?

You mean, the tall building? 그 높은 건물 말이니?

You mean, the black car? 그 검정색 차 말하는 거야?

A: Yes! I want to skate at Rockefeller Center, too!
네! 록펠러 센터에서 스케이트도 타고 싶어요!

at (장소) (장소)에서/에

I am at the concert hall. 나 그 콘서트 장에 있어.

She is working at Mayu Company. 걔는 마유 컴퍼니에서 일하고 있어.

B: OK, honey. I'll ask Dad. 그래, 얘야. 아빠한테 물어보마.

will (동사원형) (동사원형)할 것이다

I will ask my English teacher. 내가 우리 영어 선생님께 물어볼게.

I will bring you a spoon. 제가 스푼을 가져다 드릴게요.

STEP 4 직접 손영작/입영작 | 핵심 패턴을 사용하여 손으로 영작하고 입으로 영작하세요.

1. 호랑이들을 보러 가자! ____________________

2. 그 흰색 드레스 말하는 거야? ____________________

3. 난 그 몰에서 쇼핑 중이야. ____________________

4. 내가 우리 할아버지께 여쭤볼게. ____________________

정답 | **1.** Let's go and see the tigers! **2.** You mean, the white dress? **3.** I am shopping at the mall. **4.** I will ask my grandpa.

DAY 091 산타 할아버지가 전화하셨다

가정

방송시청 _____회 ▸ 손영작 _____회 ▸ 입영작 _____회 ▸ 반복낭독 _____회

STEP 1 Today's Dialogue | 방송으로 대화를 들으며 빈칸에 알맞은 단어를 최대한 채워 보세요.

A: **Dad, is Santa __________?** 아빠, 산타 할아버지가 진짜예요?

B: **Of course, he's real. In fact, he called me __________.** 물론, 진짜지. 사실, 어제 아빠한테 전화하셨단다.

A: **Really? What did he __________?** 정말로요? 뭐라고 하셨는데요?

B: **He said you must __________ in him.** 네가 할아버지를 믿어야 한다고 하시더구나.

STEP 2 빈칸 단어 익히기 | 예문으로 단어의 쓰임을 익히세요.

- **real** 진짜인

Is this video real? 이 영상 진짜야?

That's not a real person. 저건 진짜 사람이 아니야.

- **yesterday** 어제

What did you do yesterday? 너 어제 뭐 했어?

Yesterday was my birthday. 어제가 내 생일이었어.

- **say** 말하다

Don't say anything. 아무 말도 하지 마.

You just said something. 너 방금 뭐라고 말했잖아.

- **believe** 믿다

Do you believe him? 너 걔를 믿어?

I don't believe in ghosts. 난 귀신을 안 믿어.

STEP3 **핵심 패턴 익히기** | 방송을 시청하며 각 문장의 핵심 패턴을 익히세요.

A: **Dad, is Santa real?** 아빠, 산타 할아버지가 진짜예요?

Am/Are/Is (주어) (형용사)? (주어)가 (형용사)하니?

Am I short? 내가 키가 작아?

Is your sister pretty? 네 여동생 예뻐?

B: **Of course, he's real. In fact, he called me yesterday.**

물론, 진짜지. 사실, 어제 아빠한테 전화하셨단다.

In fact, 사실,

In fact, I love Korean food. 사실, 난 한국 음식을 사랑해.

In fact, she asked me about you. 사실, 걔가 너에 대해 나한테 물었어.

A: **Really? What did he say?** 정말로요? 뭐라고 하셨는데요?

What (질문 어순)? 무엇을 (질문 어순)이니?

What did you say? 넌 무엇을 말했니? (뭐라고 말했니?)

What should I say? 내가 무엇을 말해야 할까요? (뭐라고 해야 할까요?)

B: **He said you must believe in him.**

네가 할아버지를 믿어야 한다고 하시더구나.

must (동사원형) 반드시 (동사원형)해야만 한다

You must come back now. 너 지금 돌아와야만 해.

She must bring the file. 그녀는 그 파일을 가져와야만 해.

직접 손영작/입영작 | 핵심 패턴을 사용하여 손으로 영작하고 입으로 영작하세요.

1. 그들은 친하니? ______________________

2. 사실, 그녀는 아무거나 먹을 수 있어. ______________________

3. 넌 거기서 무엇을 봤니? ______________________

4. 우린 반드시 지금 떠나야만 해! ______________________

정답 | **1.** Are they close? **2.** In fact, she can eat anything. **3.** What did you see there? **4.** We must leave now!

DAY 092 크리스마스 쇼핑은 미친 짓이야

방송시청 _____회 ▶ 손영작 _____회 ▶ 입영작 _____회 ▶ 반복낭독 _____회

STEP 1 Today's Dialogue | 방송으로 대화를 들으며 빈칸에 알맞은 단어를 최대한 채워 보세요.

A: I can't find a __________! 주차 자리를 못 찾겠네!

B: __________, you can't. It's Christmas Eve.
당연히 못 찾지. 크리스마스이브잖아.

A: I'll just drop you off __________. 자기를 여기서 그냥 내려 줄게.

B: OK. Meet me at the toy __________!
알겠어. 장난감 가게에서 만나!

STEP 2 빈칸 단어 익히기 | 예문으로 단어의 쓰임을 익히세요.

- **parking spot** 주차 자리

There is a parking spot there! 저기 주차 자리가 있어!

The parking spot was really tight. 주차 자리가 엄청 좁았어.

- **of course** 물론, 당연히

Of course! I want to! 물론이지! 그러고 싶어!

Of course, we love you. 당연히 우린 널 사랑하지.

- **here** 여기에, 여기에서, 여기로

Come here. 여기로 와.

We do everything here. 저희는 여기서 모든 걸 해요.

- **store** 가게, 상점

Is the store still open? 그 가게 아직 열었나?

The store is closed. 상점이 문을 닫았어.

STEP 3 핵심 패턴 익히기 | 방송을 시청하며 각 문장의 핵심 패턴을 익히세요.

A: **I can't find a parking spot!** 주차 자리를 못 찾겠네!

can't (동사원형) (동사원형) 못하다

I can't come out. 나 못 나가.

We can't join them. 우리 걔네랑 합류 못해.

B: **Of course, you can't. It's Christmas Eve.**

당연히 못 찾지. 크리스마스이브잖아.

It's (날/날짜/요일). (날/날짜/요일)이야.

It's Christmas Day. 크리스마스 날이야.

It's my wife's birthday today. 오늘이 내 아내의 생일이야.

A: **I'll just drop you off here.** 자기를 여기서 그냥 내려 줄게.

drop (목적어) off (목적어)를 내려 주다

Drop me off here. 날 여기 내려 줘.

I can drop you off at the hotel. 제가 호텔에 내려 드릴 수 있어요.

B: **OK. Meet me at the toy store!** 알겠어. 장난감 가게에서 만나!

meet (목적어) (목적어)를 만나다

I will meet you there. 거기서 만나자.

We first met Jina in high school. 우린 고등학교에서 처음 지나를 만났어.

STEP 4 직접 손영작/입영작 | 핵심 패턴을 사용하여 손으로 영작하고 입으로 영작하세요.

1. 우린 지금 사무실을 못 떠나. ______________________

2. 내일은 어머니의 날이야. ______________________

3. 저희를 여기 내려 주세요. ______________________

4. 난 그녀를 대학에서 만났어. ______________________

정답 | **1.** We can't leave the office now. **2.** It's Mother's Day tomorrow. **3.** Drop us off here. **4.** I met her in college.

DAY 093

일석이조 장난감

방송시청 _____회 ▸ 손영작 _____회 ▸ 입영작 _____회 ▸ 반복낭독 _____회

STEP 1 Today's Dialogue | 방송으로 대화를 들으며 빈칸에 알맞은 단어를 최대한 채워 보세요.

A: **Mom! Santa got me this __________ dinosaur toy!**
엄마! 산타 할아버지가 엄청 큰 공룡 장난감을 가져다주셨어요!

B: **Oh, but you don't like __________.**
아, 그렇지만 넌 공룡을 안 좋아하잖니.

A: **This guy transforms into a __________!**
얘는 로봇으로 변신해요!

B: **That's __________! Show it to me!** 멋지네! 엄마한테 보여 줘!

STEP 2 빈칸 단어 익히기 | 예문으로 단어의 쓰임을 익히세요.

■ **giant** 엄청 큰

They built a giant robot. 그들은 엄청 큰 로봇을 만들었어.

I saw a giant dog. 나 엄청 큰 개 봤어.

■ **dinosaur** 공룡

Dinosaurs don't exist now. 공룡은 이제 존재하지 않아.

You can see dinosaurs in the movie. 그 영화에서 공룡을 볼 수 있어.

■ **robot** 로봇

He moves like a robot. 그는 로봇처럼 움직여.

She talks like a robot. 걔는 로봇처럼 말해.

■ **awesome** 멋진

It's an awesome plane! 멋진 비행기다!

Your speech was awesome! 연설이 멋졌어요!

STEP 3 핵심 패턴 익히기 | 방송을 시청하며 각 문장의 핵심 패턴을 익히세요.

A: Mom! Santa got me this giant dinosaur toy!
엄마! 산타 할아버지가 엄청 큰 공룡 장난감을 가져다주셨어요!

get (목적어) + (명사) (목적어)에게 (명사)를 가져다주다/사 주다

Get me a glass of water. 물 한 잔 가져다줘.

Jenny got me this gift. Jenny가 나한테 이 선물을 사 줬어.

B: Oh, but you don't like dinosaurs. **아, 그렇지만 넌 공룡을 안 좋아하잖니.**

don't/doesn't (동사원형) (동사원형)하지 않는다

I don't like roses. 난 장미를 안 좋아해.

Linda doesn't like dolls. Linda는 인형을 안 좋아해.

A: This guy transforms into a robot! **얘는 로봇으로 변신해요!**

transform + into (명사) (명사)로 변신하다

The robots transformed into cars. 그 로봇들이 자동차로 변신했어.

It can transform into anything. 그건 무엇으로든 변신할 수 있어.

B: That's awesome! Show it to me! **멋지네! 엄마한테 보여 줘!**

show (명사) + to (목적어) (명사)를 (목적어)에게 보여 주다

Show it to your mom. 그걸 엄마에게 보여 드려.

I showed the pictures to my son. 난 그 사진들을 아들에게 보여 줬어.

STEP 4 직접 손영작/입영작 | 핵심 패턴을 사용하여 손으로 영작하고 입으로 영작하세요.

1. 내 아내가 나한테 새 차를 사 줬어. ______________________

2. 난 채소를 안 먹어. ______________________

3. 그 새는 로봇으로 변신했어. ______________________

4. 그 사진을 네 친구들에게 보여 줘. ______________________

정답 | **1.** My wife got me a new car. **2.** I don't eat vegetables. **3.** The bird transformed into a robot. **4.** Show the picture to your friends.

DAY 094 보너스는 아니지만 연말 선물

방송시청 ____회 ▶ 손영작 ____회 ▶ 입영작 ____회 ▶ 반복낭독 ____회

STEP 1 Today's Dialogue | 방송으로 대화를 들으며 빈칸에 알맞은 단어를 최대한 채워 보세요.

A: Thank you for your ________, Peter. 노고에 고맙네, Peter.

A: I have a small ________ for you and your wife.
자네와 아내분을 위한 작은 선물이 있네.

B: These are the tickets to the Mayu ________ Show! 마유 마술 쇼 티켓이네요!

B: Oh, she will be ________! 오, 아내가 엄청 신날 거예요!

STEP 2 빈칸 단어 익히기 | 예문으로 단어의 쓰임을 익히세요.

- **hard work** 노고

I appreciate your hard work. 노고에 고맙습니다.
Your hard work will pay off. 너의 노고는 결실이 있을 거야.

- **gift** 선물

I bought a gift for my boss. 우리 과장님을 위해 선물을 샀어.
There is a gift shop down the street. 근처에 선물 가게가 있어.

- **magic** 마술

Do you like magic? 너 마술 좋아해?
I am watching a magic show. 나 마술 쇼 보고 있어.

- **thrilled** 신난, 흥분한

I am so thrilled! 나 엄청 흥분돼!
We are thrilled to be here! 여기 있게 되어 신나요!

STEP 3 핵심 패턴 익히기 | 방송을 시청하며 각 문장의 핵심 패턴을 익히세요.

A: Thank you for your hard work, Peter. 노고에 고맙네, Peter.

Thank you + for (명사). (명사)에 고마워.

Thank you for everything. 모든 것에 고마워.

Thank you for effort your. 노력에 감사합니다.

A: I have a small gift for you and your wife.

자네와 아내분을 위한 작은 선물이 있네.

for (목적어) (목적어)를 위한

I have flowers for her. 그녀를 위한 꽃이 있어요.

This is for your son. 이건 네 아들을 위한 거야.

B: These are the tickets to the Mayu Magic Show!

마유 마술 쇼 티켓이네요!

tickets + to (명사) (명사)를 볼 수 있는 티켓

I have tickets to the show. 나 그 쇼 티켓 있어.

She bought some tickets to the concert. 그녀는 그 콘서트 티켓을 좀 샀어.

B: Oh, she will be thrilled! 오, 아내가 엄청 신날 거예요!

will be (형용사) (형용사)할 것이다

My son will be so happy! 내 아들이 엄청 행복해할 거야!

You will be surprised. 넌 놀랄 거야.

STEP 4 직접 손영작/입영작 | 핵심 패턴을 사용하여 손으로 영작하고 입으로 영작하세요.

1. 너의 사랑에 고마워. ____________________

2. 이 장난감은 내 딸을 위한 거야. ____________________

3. 난 그 쇼 티켓 두 장 있어. ____________________

4. 넌 지루할 거야. ____________________

정답 | **1.** Thank you for your love. **2.** This toy is for my daughter. **3.** I have two tickets to the show. **4.** You will be bored.

DAY 095

연말 해외여행은 너무 비싸

방송시청 _____회 ▶ 손영작 _____회 ▶ 입영작 _____회 ▶ 반복낭독 _____회

STEP 1 Today's Dialogue | 방송으로 대화를 들으며 빈칸에 알맞은 단어를 최대한 채워 보세요.

A: Did you __________ a plane ticket for your trip?
여행 갈 비행기 티켓 사 놨어?

B: No, a __________ to New York is almost $3,000.
아니, 뉴욕 가는 편도 티켓이 거의 3천 달러야.

A: No way! That's __________! 말도 안 돼! 장난 아니다!

B: I'm just going to Jeju __________. 대신에 그냥 제주에 가.

STEP 2 빈칸 단어 익히기 | 예문으로 단어의 쓰임을 익히세요.

- **book 예약하다**

Did you book a table? 테이블 예약했니?
I forgot to book a hotel room. 호텔 방 예약하는 거 잊었어.

- **one-way ticket 편도 티켓**

This is a one-way ticket to Paris. 이건 파리로 가는 편도 티켓이야.
Why did you buy a one-way ticket? 너 왜 편도 티켓 샀어?

- **crazy 미친, 장난 아닌**

Are you crazy? 너 미쳤니?
It was a crazy party. 그건 장난 아닌 파티였어.

- **instead 그 대신**

Drink water instead. 그 대신 물을 마셔.
I ordered some pasta instead. 그 대신 파스타를 좀 주문했어.

STEP 3 핵심 패턴 익히기 | 방송을 시청하며 각 문장의 핵심 패턴을 익히세요.

A: Did you book a plane ticket for your trip?
여행 갈 비행기 티켓 사 놨어?

Did you (동사원형)? 너 (동사원형)했니?

Did you make a reservation? 너 예약했어?

Did you go to school today? 너 오늘 학교 갔어?

B: No, a one-way ticket to New York is almost $3,000.
아니, 뉴욕 가는 편도 티켓이 거의 3천 달러야.

almost 거의

It's almost 11! 거의 11시야!

My son is almost 20! 내 아들은 거의 스무 살이야!

A: No way! That's crazy! 말도 안 돼! 장난 아니다!

No way! 말도 안 돼! / 절대 아니야! / 절대 싫어!

No way! That's amazing! 말도 안 돼! 대단하다!

No way! That's mine! 절대 싫어! 그건 내 거야!

B: I'm just going to Jeju instead. 대신에 그냥 제주에 가.

be (~ing) (~ing)해

I am going to Ilsan. 나 일산으로 가.

We are moving out next month. 우리 다음 달에 이사 나가.

STEP 4 직접 손영작/입영작 | 핵심 패턴을 사용하여 손으로 영작하고 입으로 영작하세요.

1. 너 방금 방귀 꼈어? ______________________________

2. 우리 거의 서른이야. ______________________________

3. 말도 안 돼! 너 진심이야? ______________________________

4. 나 내일 일하러 가. ______________________________

정답 | **1.** Did you just fart? **2.** We are almost 30. **3.** No way! Are you serious? **4.** I am going to work tomorrow.

DAY 096 꽤 건설적인 새해 다짐인데?

방송시청 _____회 ▸ 손영작 _____회 ▸ 입영작 _____회 ▸ 반복낭독 _____회

STEP 1 Today's Dialogue | 방송으로 대화를 들으며 빈칸에 알맞은 단어를 최대한 채워 보세요.

A: What are your ____________? 새해 다짐들이 어떻게 돼?

B: I have ____________ many. Take a guess. 너무 많아. 맞혀 봐.

A: You want to lose those ____________? 옆구리 살 빼고 싶은 거지?

B: Wrong. I want to ____________ $1,000.
틀렸어. 1천 달러 모으고 싶어.

STEP 2 빈칸 단어 익히기 | 예문으로 단어의 쓰임을 익히세요.

- **New Year's resolution** 새해 다짐

I have a few New Year's resolutions. 나 새해 다짐 몇 개 있어.

What's your biggest New Year's resolution? 가장 큰 새해 다짐이 어떻게 돼?

- **too** 너무

I ate too much. 나 너무 많이 먹었어.

The altitude is too low. 고도가 너무 낮아.

- **love handles** 옆구리 살

Look at these love handles. 이 옆구리 살 좀 봐.

Why can't I lose these love handles? 왜 이 옆구리 살이 안 빠질까?

- **save** 모으다, 저축하다

Save some money. 돈을 좀 모아.

He is not saving any money. 걔는 돈을 전혀 안 모으고 있어.

STEP 3 **핵심 패턴 익히기** | 방송을 시청하며 각 문장의 핵심 패턴을 익히세요.

A: **What are your New Year's resolutions?** 새해 다짐들이 어떻게 돼?

What are (복수명사)? (복수명사)는 뭐니?

What are these lines? 이 선들은 뭐죠?

What are their names? 그들의 이름은 뭐죠?

B: **I have too many. Take a guess.** 너무 많아. 맞혀 봐.

take a guess 맞혀 보다

Why don't you take a guess? 맞혀 보는 게 어때?

Take a guess. It's pretty obvious. 맞혀 봐. 꽤나 뻔해.

A: **You want to lose those love handles?** 옆구리 살 빼고 싶은 거지?

lose (무게/살) (무게/살)을 빼다

You should lose your love handles. 너 옆구리 살 빼야겠다.

I have lost 5 pounds. 나 5파운드 뺐어.

B: **Wrong. I want to save $1,000.** 틀렸어. 1천 달러 모으고 싶어.

want to (동사원형) (동사원형)하고 싶다

I want to start a new business. 난 새로운 사업을 하나 시작하고 싶어.

I wanted to call you. 나 너한테 전화하고 싶었어.

STEP 4 **직접 손영작/입영작** | 핵심 패턴을 사용하여 손으로 영작하고 입으로 영작하세요.

1. 이 원들은 뭐죠? ____________________

2. 맞혀 봐. 쉬워. ____________________

3. 그녀는 10킬로그램을 뺐어. ____________________

4. 우린 당신을 돕고 싶어요. ____________________

정답 | **1.** What are these circles? **2.** Take a guess. It's easy. **3.** She has lost 10 kilograms. **4.** We want to help you.

DAY 097

2025년에 만나요, 여러분!

방송시청 _____회 ▸ 손영작 _____회 ▸ 입영작 _____회 ▸ 반복낭독 _____회

STEP 1 Today's Dialogue | 방송으로 대화를 들으며 빈칸에 알맞은 단어를 최대한 채워 보세요.

A: **It was a __________ year with you guys!**
여러분과의 재미있는 한 해였습니다!

B: **Thank you always for __________ WCB English!**
왕초보영어를 시청해 주셔서 항상 감사합니다!

A: **Let's have __________ more fun in 2025!**
2025년은 훨씬 더 재미있는 시간이 될 거예요!

B: **Yes! And as always, please __________!**
네! 그리고 항상 그렇듯, 채널 고정해 주세요!

빈칸 단어 익히기 | 예문으로 단어의 쓰임을 익히세요.

- **fun** 재미있는

It was a fun activity. 그건 재미있는 액티비티였어.
The rollercoaster ride was fun. 그 롤러코스터는 재미있었어.

- **watch** 보다, 시청하다

I am watching a horror movie. 나 공포 영화 보고 있어.
Please watch my videos. 제 영상들을 시청해 주세요.

- **even** 심지어, ~도 / 훨씬

I even called him. 난 심지어 개한테 전화도 했어.
Dennis ate even more. Dennis는 훨씬 더 먹었어.

- **Stay tuned.** 채널 고정해 주세요.

Stay tuned. We will be right back. 채널 고정해 주세요. 금방 돌아오겠습니다.
Stay tuned for more news. 더 많은 소식을 위해 채널 고정해 주세요.

STEP 3 핵심 패턴 익히기 | 방송을 시청하며 각 문장의 핵심 패턴을 익히세요.

A: It was a fun year with you guys! 여러분과의 재미있는 한 해였습니다!

you guys 여러분, 너희들

I love you guys. 전 여러분을 사랑해요.

You guys are so funny. 너희들 엄청 웃겨.

B: Thank you always for watching WCB English!

왕초보영어를 시청해 주셔서 항상 감사합니다!

Thank you + for (~ing). (~ing)해 줘서 고마워요.

Thank you for coming. 와 주셔서 고마워요.

Thank you for inviting us. 저희를 초대해 주셔서 고마워요.

A: Let's have even more fun in 2025!

2025년은 훨씬 더 재미있는 시간이 될 거예요!

in (년도/월) (년도/월)에

I was born in 2000. 난 2000년에 태어났어.

She left Korea in April. 그녀는 4월에 한국을 떠났어.

B: Yes! And as always, please stay tuned!

네! 그리고 항상 그렇듯, 채널 고정해 주세요!

as always 항상 그렇듯

As always, study hard. 항상 그렇듯, 열심히 공부하세요.

As always, she got an A. 항상 그렇듯, 걔는 A를 받았어.

직접 손영작/입영작 | 핵심 패턴을 사용하여 손으로 영작하고 입으로 영작하세요.

1. 여러분은 멋져요! ______________________

2. 저희를 방문해 주셔서 고마워요. ______________________

3. 내 아들은 10월에 태어났어. ______________________

4. 항상 그렇듯, Alex는 F를 받았어. ______________________

정답 | **1.** You guys are awesome! **2.** Thank you for visiting us. **3.** My son was born in October. **4.** As always, Alex got an F.

DAY 098

입금도 하고 인출도 하고

방송시청 _____회 ▶ 손영작 _____회 ▶ 입영작 _____회 ▶ 반복낭독 _____회

STEP 1 Today's Dialogue | 방송으로 대화를 들으며 빈칸에 알맞은 단어를 최대한 채워 보세요.

A: Hi, I'd like to __________ this check.
안녕하세요, 이 수표 입금하고 싶은데요.

B: Please __________ on the back. 뒤에 서명해 주세요.

A: I want to __________ some cash, too.
현금도 좀 인출하고 싶은데요.

B: I need your debit card and your __________.
현금 카드하고 운전면허증이 필요해요.

STEP 2 빈칸 단어 익히기 | 예문으로 단어의 쓰임을 익히세요.

- **deposit** 입금하다

I have to deposit some money. 저 돈 좀 입금해야 해요.
How much did you deposit? 너 얼마 입금했어?

- **sign** 서명하다

Please sign at the bottom. 맨 아래 서명해 주세요.
Could you sign here? 여기 서명해 주실 수 있나요?

- **withdraw** 인출하다

I need to withdraw some money. 나 돈 좀 인출해야 돼.
She withdrew $100. 그녀는 100달러를 인출했어.

- **driver's license** 운전면허증

Here's my driver's license. 여기 제 운전면허증이요.
I got my driver's license when I was 17. 나 열일곱 살 때 운전면허 땄어.

STEP 3 **핵심 패턴 익히기** | 방송을 시청하며 각 문장의 핵심 패턴을 익히세요.

A: **Hi, I'd like to deposit this check.** 안녕하세요, 이 수표 입금하고 싶은데요.

would like to (동사원형) (동사원형)하고 싶다

I would like to pay cash. 전 현금을 내고 싶습니다.

We would like to invite you. 저희는 당신을 초대하고 싶습니다.

B: **Please sign on the back.** 뒤에 서명해 주세요.

on the back 뒤에 (뒷면에)

Should I sign on the back? 뒤에 서명해야 할까요?

It's written on the back. 그건 뒷면에 써 있어요.

A: **I want to withdraw some cash, too.** 현금도 좀 인출하고 싶은데요.

want to (동사원형) (동사원형)하고 싶다

I want to deposit this check. 이 수표를 입금하고 싶어요.

She wants to be a flight attendant. 걔는 승무원이 되고 싶어해.

B: **I need your debit card and your driver's license.**

현금 카드하고 운전면허증이 필요해요.

need (명사) (명사)가 필요하다

I need your boarding pass. 전 당신의 탑승권이 필요해요.

We needed your help. 우린 너의 도움이 필요했어.

직접 손영작/입영작 | 핵심 패턴을 사용하여 손으로 영작하고 입으로 영작하세요.

1. 전 당신과 저녁 식사를 하고 싶습니다. ______________________

2. 뒤에 서명하지 마세요. ______________________

3. 우린 서울에 살고 싶어. ______________________

4. 당신은 펜이 필요한가요? ______________________

정답 | **1.** I would like to have dinner with you. **2.** Don't sign on the back. **3.** We want to live in Seoul. **4.** Do you need a pen?

DAY 099 사과를 하려면 제대로 하라고

방송시청 ____회 ▸ 손영작 ____회 ▸ 입영작 ____회 ▸ 반복낭독 ____회

STEP 1 Today's Dialogue | 방송으로 대화를 들으며 빈칸에 알맞은 단어를 최대한 채워 보세요.

A: **Are you still ________ with me?** 너 아직도 나한테 화났어?

B: **________. You didn't apologize to me properly.**
약간. 나한테 제대로 사과 안 했잖아.

A: **I'm sorry, dude. I was really ________.**
미안해, 친구. 내가 정말 이기적이었어.

B: **Apology accepted. We're ________ now.**
사과 받아들일게. 이제 화해한 거다.

STEP 2 빈칸 단어 익히기 | 예문으로 단어의 쓰임을 익히세요.

- **angry** 화가 난

I am not angry. 나 화 안 났어.

She is always angry. 걔는 항상 화가 나 있어.

- **kind of** 약간, 좀

It's kind of late. 시간이 약간 늦었어.

I was kind of annoyed. 나 약간 짜증 났었어.

- **selfish** 이기적인

Don't be so selfish. 그렇게 이기적으로 굴지 마.

You are a selfish man! 당신은 이기적인 남자군요!

- **good** 화해한, 사이가 다시 좋아진

Are we good now? 우리 이제 화해한 거야?

Yeah, we're good. 응, 우리 화해한 거야.

STEP 3 **핵심 패턴 익히기** | 방송을 시청하며 각 문장의 핵심 패턴을 익히세요.

A: Are you still angry with me? 너 아직도 나한테 화났어?

be angry + with (목적어) (목적어)에게 화가 나 있다

I am angry with them. 난 그들에게 화가 나 있어.

Why are you angry with her? 너 왜 걔한테 화가 나 있니?

B: Kind of. You didn't apologize to me properly.

약간. 나한테 제대로 사과 안 했잖아.

apologize + to (목적어) (목적어)에게 사과하다

Apologize to my parents. 저희 부모님께 사과하세요.

I already apologized to Peter. 나 벌써 Peter한테 사과했어.

A: I'm sorry, dude. I was really selfish.

미안해, 친구. 내가 정말 이기적이었어.

really 정말로

I was really stupid. 내가 정말 멍청했어.

They were really rude! 그 사람들 정말 무례했어!

B: Apology accepted. We're good now. 사과 받아들일게. 이제 화해한 거다.

Apology accepted. 사과 받아들일게.

Apology accepted. Let's go and eat something.

사과 받아들일게. 가서 뭐 좀 먹자.

Apology not accepted. 사과 못 받아들이겠어.

STEP 4 **직접 손영작/입영작** | 핵심 패턴을 사용하여 손으로 영작하고 입으로 영작하세요.

1. 그들은 그 판매원에게 화가 나 있어. ______________________

2. 저에게 사과하지 마세요. ______________________

3. 우린 정말로 혼란스러웠어. ______________________

4. 사과 받아들일게. ______________________

정답 | **1.** They are angry with the salesperson. **2.** Don't apologize to me. **3.** We were really confused. **4.** Apology accepted.

DAY 100

수족관을 찾아

방송시청 _____회 ▶ 손영작 _____회 ▶ 입영작 _____회 ▶ 반복낭독 _____회

STEP 1 Today's Dialogue | 방송으로 대화를 들으며 빈칸에 알맞은 단어를 최대한 채워 보세요.

A: **Can you help? I'm kind of __________.**
도와주실 수 있어요? 제가 길을 좀 잃어서요.

B: **What are you __________?** 뭘 찾고 계시죠?

A: **I have to get to the Mayu __________.**
마유 수족관에 가야 하는데요.

B: **Oh, it's right across the __________.** 아, 바로 길 건너에 있어요.

STEP 2 빈칸 단어 익히기 | 예문으로 단어의 쓰임을 익히세요.

- **lost** 길을 잃은
  Are you lost? 길을 잃으셨나요?
  I was lost in the city. 나 시내에서 길을 잃었어.

- **look for** ~을 찾다
  I am looking for this building. 저 이 건물을 찾고 있어요.
  Your dad was looking for you. 너희 아빠가 널 찾고 계셨어.

- **aquarium** 수족관
  Let's go to the aquarium today. 오늘 수족관 가자.
  She took her kids to the aquarium. 걔는 자기 아이들을 수족관에 데려갔어.

- **street** 길, 거리
  I was walking down the street. 난 그 길을 따라 걷고 있었어.
  The noise came from the streets. 그 소음은 그 거리에서 났어.

STEP 3 핵심 패턴 익히기 | 방송을 시청하며 각 문장의 핵심 패턴을 익히세요.

A: **Can you help? I'm kind of lost.** 도와주실 수 있어요? 제가 길을 좀 잃어서요.

kind of (형용사) 약간/좀 (형용사)한

I am kind of excited. 나 약간 신이나.

The exam was kind of tough. 그 시험 좀 어려웠어.

B: **What are you looking for?** 뭘 찾고 계시죠?

What (질문 어순)? 무엇을 (질문 어순)이니?

What are you looking at? 너 뭘 보고 있는 거야?

What did Kevin tell you? Kevin이 너에게 뭘[뭐라고] 말했니?

A: **I have to get to the Mayu Aquarium.** 마유 수족관에 가야 하는데요.

get to (장소) (장소)에 가다/도착하다

I have to get to the hotel. 저 그 호텔에 가야 해요.

We got to the hotel on time. 우리 그 호텔에 늦지 않게 도착했어.

B: **Oh, it's right across the street.** 아, 바로 길 건너에 있어요.

across the street 길 건너에

We live right across the street. 저희 바로 길 건너에 살아요.

My office is right across the street. 내 사무실이 바로 길 건너에 있어.

STEP 4 직접 손영작/입영작 | 핵심 패턴을 사용하여 손으로 영작하고 입으로 영작하세요.

1. 우리 약간 배고파. ______________________

2. 너 뭘 마셨니? ______________________

3. 몇 시에 넌 그 역에 도착했니? ______________________

4. 내 여자 친구는 바로 길 건너에 살아. ______________________

정답 | **1.** We are kind of hungry. **2.** What did you drink? **3.** What time did you get to the station? **4.** My girlfriend lives right across the street.

DAY 101

여보, 아이스크림 먹기 싫은가 보지?

방송시청 _____회 ▶ 손영작 _____회 ▶ 입영작 _____회 ▶ 반복낭독 _____회

STEP 1 Today's Dialogue | 방송으로 대화를 들으며 빈칸에 알맞은 단어를 최대한 채워 보세요.

A: **Are you done __________ your room?** 방 다 치웠어?

B: **Not yet. I'm __________ TV.** 아직. 나 TV 보고 있어.

A: **I guess you don't want to eat __________.**
아이스크림 먹고 싶지 않나 보네.

B: **I will be done in 30 minutes, __________.**
30분 있으면 다 마칠 겁니다, 부인.

STEP 2 빈칸 단어 익히기 | 예문으로 단어의 쓰임을 익히세요.

- **clean up** 치우다

  Clean up your room now. 당장 네 방을 치워.

  We cleaned up the house together. 우린 같이 집을 치웠어.

- **watch** 보다, 시청하다

  I am watching a movie. 나 영화 보고 있어.

  What are you watching? 너 뭐 보고 있어?

- **ice cream** 아이스크림

  Do you want some ice cream? 너 아이스크림 좀 줄까?

  The ice cream is melting. 아이스크림이 녹고 있어.

- **ma'am** 여자를 부르는 존칭 (부인, 선생님)

  Thank you for the tip, ma'am. 팁 감사합니다, 부인.

  Ma'am, are you lost? 부인, 길을 잃으셨나요?

STEP 3 핵심 패턴 익히기 | 방송을 시청하며 각 문장의 핵심 패턴을 익히세요.

A: **Are you done cleaning up your room?** 방 다 치웠어?

be done (~ing) (~ing)하는 걸 마치다

I am done using the bathroom. 저 화장실 다 썼어요.

Are you done eating this? 이거 다 드신 거예요?

B: **Not yet. I'm watching TV.** 아직. 나 TV 보고 있어.

not yet 아직 아닌

I am not done yet. 저 아직 다 안 마쳤어요.

We don't know yet. 우린 아직 몰라.

A: **I guess you don't want to eat ice cream.**

아이스크림 먹고 싶지 않나 보네.

I guess + (평서문). (평서문)인가 보네.

I guess you don't love me. 넌 날 사랑하지 않나 보네.

I guess Mayu is busy. 마유가 바쁜가 보네.

B: **I will be done in 30 minutes, ma'am.** 30분 있으면 다 마칠 겁니다, 부인.

in (시간/기간) (시간/기간) 있다가

I can come out in 30 minutes. 나 30분 있다가 나올 수 있어.

We will be done in 3 weeks. 저희는 3주 있다가 다 마칠 겁니다.

직접 손영작/입영작 | 핵심 패턴을 사용하여 손으로 영작하고 입으로 영작하세요.

1. 저 숙제 하는 거 다 마쳤어요. ______________________

2. 난 아직 성인이 아니야. ______________________

3. 그녀가 널 좋아하나 보네. ______________________

4. 한 시간 있다가 돌아와. ______________________

정답 | **1.** I am done doing my homework. **2.** I am not an adult yet. **3.** I guess she likes you. **4.** Come back in an hour.

DAY 102 우정이야 커리어야?

방송시청 _____회 ▶ 손영작 _____회 ▶ 입영작 _____회 ▶ 반복낭독 _____회

STEP 1 Today's Dialogue | 방송으로 대화를 들으며 빈칸에 알맞은 단어를 최대한 채워 보세요.

A: You're coming to my __________ next month, right? 다음 달에 내 결혼식 오지?

B: I'll try, but I can't be __________.
노력해 보긴 할 건데, 확신할 순 없어.

A: What's more important? Our __________ or your work? 뭐가 더 중요하냐? 우리 우정이야 아니면 일이야?

B: To be honest, __________. 솔직히 둘 다.

STEP 2 빈칸 단어 익히기 | 예문으로 단어의 쓰임을 익히세요.

■ **wedding** 결혼식

Whose wedding is this? 이거 누구 결혼식이야?

I have a wedding to go to. 난 가야 할 결혼식이 있어.

■ **sure** 확신하는

I am pretty sure. 난 꽤나 확신해.

Are you 100% sure? 너 100% 확신해?

■ **friendship** 우정

Our friendship is strong. 우리의 우정은 강해.

I value our friendship. 난 우리의 우정을 가치 있게 생각해.

■ **both** 둘 다

I like both. 난 둘 다 마음에 들어.

She picked both. 걔는 두 개 다 골랐어.

STEP 3 핵심 패턴 익히기 | 방송을 시청하며 각 문장의 핵심 패턴을 익히세요.

A: You're coming to my wedding next month, right?
다음 달에 내 결혼식 오지?

next month 다음 달에

I am leaving Korea next month. 나 다음 달에 한국을 떠나.

They are getting married next month. 걔네 다음 달에 결혼해.

B: I'll try, but I can't be sure. 노력해 보긴 할 건데, 확신할 순 없어.

but 하지만, ~이지만

She apologized, but I am still mad. 걔가 사과했지만, 난 아직 화가 나.

It looks good, but it's too expensive. 그건 좋아 보이는데, 너무 비싸.

A: What's more important? Our friendship or your work?
뭐가 더 중요하냐? 우리 우정이야 아니면 일이야?

What is (비교급 형용사)? 뭐가 더 (형용사)하니?

What is more difficult? 뭐가 더 어려워?

What is more important to you? 너에겐 뭐가 더 중요해?

B: To be honest, both. 솔직히 둘 다.

to be honest 솔직히, 사실은

To be honest, the logo looks cheap. 솔직히, 그 로고는 저렴해 보여.

To be honest, Mayu is not my brother. 사실은, 마유는 내 남동생이 아니야.

STEP 4 직접 손영작/입영작 | 핵심 패턴을 사용하여 손으로 영작하고 입으로 영작하세요.

1. 나 다음 달에 졸업해. ______________________

2. 그녀는 예쁘지만, 난 그녀를 좋아하지 않아. ______________________

3. 우리에게 뭐가 더 중요하죠? ______________________

4. 솔직히, 이 치마는 내 스타일이 아니야. ______________________

정답 | **1.** I am graduating next month. **2.** She is pretty, but I don't like her.
3. What is more important to us? **4.** To be honest, this skirt is not my style.

DAY 103

판매세가 깡패구만

방송시청 _____회 ▸ 손영작 _____회 ▸ 입영작 _____회 ▸ 반복낭독 _____회

STEP 1 Today's Dialogue | 방송으로 대화를 들으며 빈칸에 알맞은 단어를 최대한 채워 보세요.

A: It's $59.99 plus __________. 59달러 99센트에 세금 추가입니다.

B: How much is the __________, then? 그럼, 총 얼마인데요?

A: The __________ is 12%. So, it's $67.19.
판매세가 12%이니까 67달러 19센트죠.

B: 12%? Wow, that's too __________! 12%요? 와, 너무 비싸네요!

STEP 2 빈칸 단어 익히기 | 예문으로 단어의 쓰임을 익히세요.

- **tax** 세금

It's the tax season. 세금 낼 시즌이야.
I have already paid my taxes. 저 벌써 세금 냈어요.

- **total** 총 합계

The total comes out to $40. 합계가 40달러로 나옵니다.
What's the total? 총 합계가 어떻게 돼요?

- **sales tax** 판매세

How much is the sales tax? 판매세가 얼마인데요?
The sales tax in California is high. 캘리포니아 판매세는 높아.

- **steep** 가파른 / 가격이 너무 비싼

The slope was steep. 그 슬로프는 가팔랐어.
The price of the house was steep. 그 집값은 너무 비쌌어.

STEP 3 **핵심 패턴 익히기** | 방송을 시청하며 각 문장의 핵심 패턴을 익히세요.

A: **It's $59.99 plus tax.** 59달러 99센트에 세금 추가입니다.

It's (가격) plus tax. (가격)에 세금 추가입니다.

It's $20 plus tax. 20달러에 세금 추가입니다.

It's only $5 plus tax. 겨우 5달러에 세금 추가야.

B: **How much is the total, then?** 그럼, 총 얼마인데요?

How much is (명사)? (명사)가 얼마죠?

How much is this charger? 이 충전기 얼마죠?

How much was the sofa? 그 소파 얼마였어?

A: **The sales tax is 12%. So, it's $67.19.**

판매세가 12%이니까 67달러 19센트죠.

So, 그러니까, ~이니까

You apologized to me. So, we are good. 네가 사과했으니까 우린 화해한 거야.

I am hungry. So, I'm going to order something.

난 배고파. 그러니까 뭔가 주문할 거야.

B: **12%? Wow, that's too steep!** 12%요? 와, 너무 비싸네요!

too (형용사) 너무 (형용사)한

You are too greedy. 넌 너무 욕심이 많아.

The questions were too easy. 질문들이 너무 쉬웠어.

STEP 4 **직접 손영작/입영작** | 핵심 패턴을 사용하여 손으로 영작하고 입으로 영작하세요.

1. 50달러에 세금 추가입니다. ______________________

2. 이 매트리스는 얼마죠? ______________________

3. 7시야. 그러니까, 넌 집에 가도 돼. ______________________

4. 너무 추워! ______________________

정답 | **1.** It's $50 plus tax. **2.** How much is this mattress? **3.** It's 7 o'clock. So, you can go home. **4.** It's too cold!

DAY 104

이건 일생일대의 기회인가

방송시청 ____회 ▶ 손영작 ____회 ▶ 입영작 ____회 ▶ 반복낭독 ____회

STEP 1 **Today's Dialogue** | 방송으로 대화를 들으며 빈칸에 알맞은 단어를 최대한 채워 보세요.

A: **I loved your __________. Oh, my name is Peter Bint.**
연설이 너무 좋았어요. 아, 제 이름은 Peter Bint입니다.

B: **Oh, my God... You are the CEO of Mayu __________.**
오, 맙소사… 마유 화장품 사장님이시군요.

A: **I'd love to talk to you. Give me a call __________.**
당신과 얘기하고 싶군요. 언제 한번 연락 주세요.

B: **I will, __________! I will!** 그러겠습니다, 사장님! 꼭 그럴게요!

STEP 2 **빈칸 단어 익히기** | 예문으로 단어의 쓰임을 익히세요.

■ **speech** 연설, 발표

It was a long speech. 그건 긴 연설이었어.
I have to do a speech. 나 발표해야 해.

■ **cosmetics** 화장품

We sell cosmetics. 저희는 화장품을 팝니다.
Luna bought some cosmetics. Luna는 화장품을 좀 샀어.

■ **sometime** 언젠가, 언제 한번

Let's have lunch together sometime. 언제 한번 같이 점심 먹자.
I will call you sometime tomorrow. 내가 내일 언제 전화할게.

■ **sir** 남자를 부르는 존칭

Follow me this way, sir. 이쪽으로 절 따라오세요, 선생님.
Sir, we have a problem. 대장님, 문제가 생겼습니다.

STEP3 **핵심 패턴 익히기** | 방송을 시청하며 각 문장의 핵심 패턴을 익히세요.

A: **I loved your speech. Oh, my name is Peter Bint.**
연설이 너무 좋았어요. 아, 제 이름은 Peter Bint입니다.
(과거동사) (과거동사)했다
I enjoyed the presentation. 저는 프레젠테이션을 즐겼습니다.
I forgot my password. 내 패스워드를 잊었어.

B: **Oh, my God... You are the CEO of Mayu Cosmetics.**
오, 맙소사… 마유 화장품 사장님이시군요.
the CEO of **(명사)** (명사)의 사장
I am the CEO of Peter Wear. 전 Peter Wear의 대표입니다.
She is the CEO of our company. 그녀가 우리 회사 사장님이야.

A: **I'd love to talk to you. Give me a call sometime.**
당신과 얘기하고 싶군요. 언제 한번 연락 주세요.
would love to **(동사원형)** (동사원형)하고 싶다
I would love to dance with you. 당신과 춤추고 싶어요.
We would love to join you for dinner. 저희는 당신과 저녁 식사를 하고 싶어요.

B: **I will, sir! I will!** 그러겠습니다, 사장님! 꼭 그럴게요!
will **(동사원형)** (동사원형)할 것이다
I will call you tonight. 내가 오늘 밤에 전화할게.
I will fax it to you. 내가 그걸 너한테 팩스로 보낼게.

직접 손영작/입영작 | 핵심 패턴을 사용하여 손으로 영작하고 입으로 영작하세요.

1. 우린 같이 점심을 먹었어. ______________________

2. 당신 회사의 사장은 누구죠? ______________________

3. 전 거기에 가고 싶습니다. ______________________

4. 내가 널 픽업할게. ______________________

정답 | **1.** We had lunch together. **2.** Who is the CEO of your company? **3.** I would love to go there. **4.** I will pick you up.

DAY 105

양보할 줄 아는 남자

방송시청 ____회 ▶ 손영작 ____회 ▶ 입영작 ____회 ▶ 반복낭독 ____회

STEP 1 Today's Dialogue | 방송으로 대화를 들으며 빈칸에 알맞은 단어를 최대한 채워 보세요.

A: **Ma'am, you can __________ here.** 부인, 여기 앉으셔도 돼요.

B: **Oh, that's so __________ of you. Thank you.**
오, 엄청 친절하시네요. 고마워요.

A: **No problem. My wife is __________, too.**
문제없죠. 제 아내도 임신 중이에요.

B: **She's __________ she has such a great husband like you.** 당신 같은 멋진 남편이 있다니 아내분이 운이 좋네요.

STEP 2 빈칸 단어 익히기 | 예문으로 단어의 쓰임을 익히세요.

- **sit** 앉다
  You can sit over there. 저기 앉으셔도 돼요.
  Sit down! 앉아!

- **kind** 친절한
  His parents were so kind. 그의 부모님은 엄청 친절하셨어.
  What a kind young man! 엄청 친절한 젊은이구만!

- **pregnant** 임신한
  My coworker is pregnant. 내 직장 동료가 임신을 했어.
  She is 5 months pregnant. 걔는 임신 5개월이야.

- **lucky** 운 좋은
  I am a lucky guy. 난 운 좋은 남자야.
  You are lucky today. 너 오늘 운 좋다.

STEP 3 핵심 패턴 익히기 | 방송을 시청하며 각 문장의 핵심 패턴을 익히세요.

A: **Ma'am, you can sit here.** 부인, 여기 앉으셔도 돼요.

can (동사원형) (동사원형)해도 된다

You can call me anytime. 너 나한테 아무 때나 전화해도 돼.

They can come, too. 걔네도 와도 돼.

B: **Oh, that's so kind of you. Thank you.** 오, 엄청 친절하시네요. 고마워요.

That's so kind of (목적어). (목적어)는 엄청 친절하네요.

That's so kind of her. 그녀는 엄청 친절하시네요.

That's so kind of him. 그는 엄청 친절하네요.

A: **No problem. My wife is pregnant, too.**

문제없죠. 제 아내도 임신 중이에요.

No problem. 문제없죠. / 괜찮아요.

No problem. I will do that. 문제없죠. 그렇게 할게요.

No problem. I will tell him. 문제없죠. 그에게 전할게요.

B: **She's lucky she has such a great husband like you.**

당신 같은 멋진 남편이 있다니 아내분이 운이 좋네요.

(주어) is lucky + (평서문). (평서문)이라니 (주어)가 운이 좋네요.

I am lucky I am alive. 내가 살아있다는 게 운이 좋은 거야.

You are lucky you have a girlfriend. 너 여자 친구 있다는 게 운이 좋은 거야.

STEP 4 직접 손영작/입영작 | 핵심 패턴을 사용하여 손으로 영작하고 입으로 영작하세요.

1. 그들은 이제 떠나도[가도] 됩니다. ______________________

2. 그들은 엄청 친절하시네요. ______________________

3. 문제없죠, 부인. ______________________

4. 내가 아내가 있다니 운이 좋은 거야. ______________________

정답 | **1.** They can leave now. **2.** That's so kind of them. **3.** No problem, ma'am. **4.** I am lucky I have a wife.

DAY 106 다 오빠 탓이야

가정

방송시청 _____회 ▸ 손영작 _____회 ▸ 입영작 _____회 ▸ 반복낭독 _____회

STEP 1 Today's Dialogue | 방송으로 대화를 들으며 빈칸에 알맞은 단어를 최대한 채워 보세요.

A: You should stop __________. 소리 그만 지르렴.

B: But Mayu took my __________!
그렇지만 마유 오빠가 제 곰 인형을 가져갔어요!

A: This is a __________. Behave yourselves, guys.
여긴 식당이잖아. 점잖게 행동하렴, 얘들아.

B: I __________ you, Mayu! 마유 오빠, 미워!

STEP 2 빈칸 단어 익히기 | 예문으로 단어의 쓰임을 익히세요.

■ **scream** 소리 지르다

Why are you screaming? 너 왜 소리 지르고 있는 거야?

Everybody, scream! 모두, 소리 질러!

■ **teddy bear** 곰 인형

I love my teddy bear. 전 제 곰 인형을 사랑해요.

Where is my teddy bear? 내 곰 인형 어디 갔지?

■ **restaurant** 식당

Mayu owns a French restaurant. 마유는 프랑스 식당을 소유하고 있어.

I am at the restaurant. 나 그 식당에 와 있어.

■ **hate** 싫어하다

I hate this place. 난 여기가 싫어.

Do you still hate me? 너 내가 아직도 싫어?

STEP 3 핵심 패턴 익히기 | 방송을 시청하며 각 문장의 핵심 패턴을 익히세요.

A: You should stop screaming. 소리 그만 지르렴.

stop (~ing) 그만 (~ing)하다 / (~ing)하는 걸 멈추다

Stop calling me. 나한테 그만 전화해.

You should stop eating. 너 그만 먹어야 해.

B: But Mayu took my teddy bear!

그렇지만 마유 오빠가 제 곰 인형을 가져갔어요!

take 가져가다

Someone took my wallet. 누군가 제 지갑을 가져갔어요.

Take the blue one. 파란색으로 된 걸 가져가.

A: This is a restaurant. Behave yourselves, guys.

여긴 식당이잖아. 점잖게 행동하렴, 얘들아.

behave oneself 점잖게 행동하다

Boys! Behave yourselves! 얘들아! 점잖게 행동해!

Why don't you behave yourself? 너 점잖게 행동하는 게 어떠니?

B: I hate you, Mayu! **마유 오빠, 미워!**

(현재동사) (현재동사)하다

I work here. 전 여기서 일해요.

Babies cry all the time. 아기들은 매번 울어.

직접 손영작/입영작 | 핵심 패턴을 사용하여 손으로 영작하고 입으로 영작하세요.

1. 그만 춤춰! ____________________

2. 내 전화기를 가져가. ____________________

3. 너 점잖게 행동했어? ____________________

4. 난 우리 언니랑 살아. ____________________

정답 | **1.** Stop dancing! **2.** Take my phone. **3.** Did you behave yourself? **4.** I live with my sister.

DAY 107 굳이 걔를 초대해야 돼?

방송시청 _____회 ▶ 손영작 _____회 ▶ 입영작 _____회 ▶ 반복낭독 _____회

STEP 1 Today's Dialogue | 방송으로 대화를 들으며 빈칸에 알맞은 단어를 최대한 채워 보세요.

A: **Are you going to __________ Lisa, too?** Lisa도 초대할 거야?

B: **__________. Why? What's up?** 물론이지. 왜? 무슨 일인데?

A: **I feel __________ around her.** 걔가 주위에 있으면 불편해.

B: **Don't __________. You two will get along fine.**
걱정 마. 너희 둘 잘 어울릴 거야.

STEP 2 빈칸 단어 익히기 | 예문으로 단어의 쓰임을 익히세요.

- **invite** 초대하다

Let's invite Mayu and Peter. 마유와 Peter를 초대하자.

She didn't invite us. 걔는 우리를 초대 안 했어.

- **Of course.** 물론이지.

Of course, I love you. 물론 널 사랑하지.

Of course! What's your question? 물론이야! 질문이 뭔데?

- **uncomfortable** 불편한

This chair is so uncomfortable. 이 의자 엄청 불편해.

It was an uncomfortable moment. 그건 불편한 순간이었어.

- **worry** 걱정하다

Don't worry about us. 우리 걱정은 마.

Stop worrying about him. 걔 걱정 좀 그만 해.

STEP3 핵심 패턴 익히기 | 방송을 시청하며 각 문장의 핵심 패턴을 익히세요.

A: **Are you going to invite Lisa, too?** Lisa도 초대할 거야?

be going to (동사원형) (동사원형)할 것이다

Are you going to throw it out? 너 그거 버릴 거야?

I am going to keep it. 나 그거 가지고 있을 거야.

B: **Of course. Why? What's up?** 물론이지. 왜? 무슨 일인데?

What's up? 무슨 일이야?

What's up? Are you okay? 무슨 일이야? 괜찮아?

Nothing much. What's up? 별일 없는데. 무슨 일인데?

A: **I feel uncomfortable around her.** 걔가 주위에 있으면 불편해.

feel uncomfortable + around (목적어) (목적어)가 주위에 있으면 불편하다

I feel uncomfortable around Jerry. 난 Jerry가 주위에 있으면 불편해.

She feels uncomfortable around her friends.
걔는 주위에 친구들이 있으면 불편해 해.

B: **Don't worry. You two will get along fine.**
걱정 마. 너희 둘 잘 어울릴 거야.

get along fine 잘 어울리다, 잘 지내다

They are getting along fine. 걔네는 잘 어울리고 있어.

I am sure you guys will get along fine. 너희는 분명 잘 지낼 거야.

STEP4 직접 손영작/입영작 | 핵심 패턴을 사용하여 손으로 영작하고 입으로 영작하세요.

1. 너 네 여동생도 초대할 거야? ______________________

2. 너 슬퍼 보여. 무슨 일이야? ______________________

3. 난 너희 오빠가 주위에 있으면 불편해. ______________________

4. 그 아이들은 잘 어울리고 있어. ______________________

정답 | **1.** Are you going to invite your sister, too? **2.** You look sad. What's up? **3.** I feel uncomfortable around your brother. **4.** The kids are getting along fine.

DAY 108 등만 좀 살살 해 주세요

방송시청 _____회 ▶ 손영작 _____회 ▶ 입영작 _____회 ▶ 반복낭독 _____회

STEP 1 Today's Dialogue | 방송으로 대화를 들으며 빈칸에 알맞은 단어를 최대한 채워 보세요.

A: Can you go easy on my __________?
등은 살살 해 주실 수 있어요?

B: __________. Did you hurt your back? 그럼요. 등을 다치셨나요?

A: Yeah. It's very __________ now. 네. 등이 지금 굉장히 약해요.

B: No worries. I will be __________. 문제없죠. 살살 할게요.

STEP 2 빈칸 단어 익히기 | 예문으로 단어의 쓰임을 익히세요.

- **back** 등

Massage my back. 내 등을 마사지해 줘.
I hurt my back. 난 등을 다쳤어.

- **Sure.** 그럼. 물론이지.

Sure, I can do that. 그럼, 그래 줄 수 있지.
Sure, we can help. 물론 도와 드릴 수 있죠.

- **weak** 약한

I am not a weak person. 난 약한 사람이 아니야.
That's a weak spot. 거긴 약한 부분이야.

- **gentle** 살살 하는

Please be gentle. 살살 해 주세요.
Can you be gentle on my shoulders? 어깨는 살살 해 주실 수 있나요?

STEP 3 핵심 패턴 익히기 | 방송을 시청하며 각 문장의 핵심 패턴을 익히세요.

A: Can you go easy on my back? **등은 살살 해 주실 수 있어요?**

go easy + on **(명사)** (명사)를 살살 다루다

Please go easy on my neck. 목은 살살 해 주세요.

I will go easy on your back. 등은 살살 해 드릴게요.

B: Sure. Did you hurt your back? **그럼요. 등을 다치셨나요?**

hurt **(명사)** (명사)를 다치다

I hurt my knees. 나 무릎을 다쳤어.

Greg hurt his neck. Greg은 목을 다쳤어.

A: Yeah. It's very weak now. **네. 등이 지금 굉장히 약해요.**

now 지금, 이제

What time is it now? 지금 몇 시지?

It's too late now. 이제 너무 늦었어.

B: No worries. I will be gentle. **문제없죠. 살살 할게요.**

will be **(형용사)** (형용사)할 것이다

I will be careful. 조심할게.

I will be calm. 침착할게.

직접 손영작/입영작 | 핵심 패턴을 사용하여 손으로 영작하고 입으로 영작하세요.

1. 제 다리는 살살 해 주세요. ______________________

2. Eddie는 손가락을 다쳤어. ______________________

3. 우린 이제 안전해. ______________________

4. 난 화가 날 거야. ______________________

정답 | **1.** Please go easy on my legs. **2.** Eddie hurt his fingers. **3.** We are safe now. **4.** I will be mad.

DAY 109 헤어지고도 이런 게 가능해?

방송시청 ____회 ▸ 손영작 ____회 ▸ 입영작 ____회 ▸ 반복낭독 ____회

STEP 1 Today's Dialogue | 방송으로 대화를 들으며 빈칸에 알맞은 단어를 최대한 채워 보세요.

A: **Do you ________ talk to Miyu?** 아직도 미유랑 연락해?

B: **Yeah. She ________ me from time to time.**
응. 걔가 가끔씩 나한테 전화해.

A: **But you guys broke up ________ ago.**
그렇지만 너희 수년 전에 헤어졌잖아.

B: **Yeah, but we are still good ________.**
응, 그래도 우린 여전히 좋은 친구야.

STEP 2 빈칸 단어 익히기 | 예문으로 단어의 쓰임을 익히세요.

■ **still** 여전히, 아직도

They are still friends. 걔네 아직 친구야.

Are you still sleeping? 너 아직도 자고 있어?

■ **call** 전화하다, 연락하다

I called you last night. 나 어젯밤에 너한테 전화했어.

Who just called you? 방금 너한테 누가 전화했어?

■ **years** 수년

It's been years. 수년이 지났어.

Years have passed. 수년이 지났어.

■ **friend** 친구

You are not my friend anymore. 넌 이제 내 친구가 아니야.

Minji has many friends. 민지는 친구가 많아.

STEP 3 핵심 패턴 익히기 | 방송을 시청하며 각 문장의 핵심 패턴을 익히세요.

A: **Do you still talk to Miyu?** 아직도 미유랑 연락해?

talk + to (목적어) (목적어)와 얘기하다/연락하다

I still talk to Glenn. 나 아직 Glenn이랑 연락해.

Talk to my manager. 제 매니저와 얘기하세요.

B: **Yeah. She calls me from time to time.** 응. 걔가 가끔씩 나한테 전화해.

from time to time 가끔씩

I think about her from time to time. 난 가끔씩 그녀 생각을 해.

I visit them from time to time. 난 가끔씩 그들을 방문해.

A: **But you guys broke up years ago.** 그렇지만 너희 수년 전에 헤어졌잖아.

break up 헤어지다

We finally broke up. 우리 결국 헤어졌어.

She broke up with Alex. 걔는 Alex랑 헤어졌어.

B: **Yeah, but we are still good friends.** 응, 그래도 우린 여전히 좋은 친구야.

but ~이지만, 그래도

Yeah, but she is really nice. 응, 그래도 걔는 착해.

I know, but he is not my type. 아는데, 걔는 내 타입이 아니야.

STEP 4 직접 손영작/입영작 | 핵심 패턴을 사용하여 손으로 영작하고 입으로 영작하세요.

1. 우린 여전히 서로 연락해. ______________________

2. 난 내 사촌들을 가끔씩 방문해. ______________________

3. 너 왜 Roy랑 헤어졌어? ______________________

4. 응, 그래도 마유는 똑똑해. ______________________

정답 | **1.** We still talk to each other. **2.** I visit my cousins from time to time. **3.** Why did you break up with Roy? **4.** Yeah, but Mayu is smart.

DAY 110 추운 날씨에 여행하긴 싫어

방송시청 _____회 ▸ 손영작 _____회 ▸ 입영작 _____회 ▸ 반복낭독 _____회

STEP 1 **Today's Dialogue** | 방송으로 대화를 들으며 빈칸에 알맞은 단어를 최대한 채워 보세요.

A: **How's the __________ in New Jersey?** 뉴저지 날씨는 어때?

B: **It's __________, just like in Korea.** 딱 한국처럼 엄청 추워.

B: **Bring a __________ jacket and sweaters.**
따뜻한 재킷이랑 스웨터 좀 가져와.

A: **Maybe I should wait until the __________.**
여름까지 기다려야 할지도 모르겠네.

STEP 2 **빈칸 단어 익히기** | 예문으로 단어의 쓰임을 익히세요.

- **weather** 날씨

The weather was horrible. 날씨가 끔찍했어.

We have nice weather here. 여기 날씨는 좋아.

- **freezing** 엄청 추운

It's freezing in Seoul. 서울은 엄청 추워.

The weather is freezing! 날씨가 엄청 추워!

- **warm** 따뜻한

The weather is pretty warm. 날씨가 꽤 따뜻해.

I need a warm jacket. 난 따뜻한 재킷이 필요해.

- **summer** 여름

Summer has come. 여름이 왔어.

I don't like summer. 난 여름이 싫어.

STEP 3 핵심 패턴 익히기 | 방송을 시청하며 각 문장의 핵심 패턴을 익히세요.

A: How's the weather in New Jersey? 뉴저지 날씨는 어때?

How's the weather + in (장소)? (장소) 날씨는 어때?

How's the weather in Florida? 플로리다 날씨는 어때?

How's the weather in Vietnam? 베트남 날씨는 어때?

B: It's freezing, just like in Korea. 딱 한국처럼 엄청 추워.

It's (형용사). 날씨가 (형용사)해.

It's so hot! 엄청 더워!

It's not cold outside. 밖에 안 추워.

B: Bring a warm jacket and sweaters. 따뜻한 재킷이랑 스웨터 좀 가져와.

bring (명사) (명사)를 가져오다

Bring some food. 음식을 좀 가져와.

I brought some wine. 와인을 좀 가져왔어.

A: Maybe I should wait until the summer.
여름까지 기다려야 할지도 모르겠네.

until (명사) (명사)까지

Wait until May. 5월까지 기다려.

I will be here until 6. 나 여기 6시까지 있을 거야.

STEP 4 직접 손영작/입영작 | 핵심 패턴을 사용하여 손으로 영작하고 입으로 영작하세요.

1. 홍콩 날씨는 어때? ____________________

2. 엄청 쌀쌀해! ____________________

3. 물을 좀 가져와. ____________________

4. 여기서 4시까지 기다려. ____________________

정답 | **1.** How's the weather in Hong Kong? **2.** It's so chilly! **3.** Bring some water. **4.** Wait here until 4.

DAY 111 할아버지는 멋쟁이셨네요

방송시청 ____회 ▸ 손영작 ____회 ▸ 입영작 ____회 ▸ 반복낭독 ____회

STEP 1 Today's Dialogue | 방송으로 대화를 들으며 빈칸에 알맞은 단어를 최대한 채워 보세요.

A: **Have I __________ you these pictures?**
아빠가 이 사진들 보여 준 적 있던가?

B: **No. Is this __________, Dad?** 아뇨. 이분이 할아버지예요, 아빠?

A: **Yeah! He used to be a __________.** 그래! 경찰이시곤 했지.

B: **That's __________! He's handsome, too!**
믿을 수 없어요! 잘생기시기도 했네요!

STEP 2 빈칸 단어 익히기 | 예문으로 단어의 쓰임을 익히세요.

■ **show** 보여 주다

Show me her pictures. 그녀의 사진들을 내게 보여 줘.

Let me show you something. 뭔가를 보여 줄게.

■ **grandpa** 할아버지

My grandpa is a businessman. 우리 할아버지는 사업가야.

Your grandpa is handsome. 너의 할아버지 미남이시네.

■ **cop** 경찰

Call the cops. 경찰을 불러.

There were many cops. 경찰이 많이 있었어.

■ **unbelievable** 믿을 수 없는, 대단한

That's an unbelievable story! 믿을 수 없는 이야기군!

The show was unbelievable. 그 쇼는 대단했어.

STEP 3 핵심 패턴 익히기 | 방송을 시청하며 각 문장의 핵심 패턴을 익히세요.

A: Have I shown you these pictures? 아빠가 이 사진들 보여 준 적 있던가?

Have I (p.p.)? 내가 (p.p.)한 적 있던가?

Have I met her? 내가 그녀를 만난 적 있던가?

Have I told you this? 내가 너한테 이 얘기한 적 있던가?

B: No. Is this Grandpa, Dad? 아뇨. 이분이 할아버지예요, 아빠?

Is this (명사)? 이 사람이 (명사)예요?

Is this your dad? 이분이 네 아빠니?

Is this your grandma? 이분이 네 할머니야?

A: Yeah! He used to be a cop. 그래! 경찰이시곤 했지.

used to be (명사) (명사)이곤 했다

I used to be a fashion designer. 난 패션 디자이너이곤 했어.

They used to be best friends. 걔네는 베프이곤 했지.

B: That's unbelievable! He's handsome, too!

믿을 수 없어요! 잘생기시기도 했네요!

too 또한, ~도

She is smart, too. 걔는 똑똑하기도 해.

There are Koreans, too. 한국인들도 있어.

직접 손영작/입영작 | 핵심 패턴을 사용하여 손으로 영작하고 입으로 영작하세요.

1. 내가 네 언니를 만난 적 있던가? ______________________

2. 이분이 네 아내야? ______________________

3. 그녀는 선생님이곤 했어. ______________________

4. 그녀도 널 알아. ______________________

정답 | **1.** Have I met your sister? **2.** Is this your wife? **3.** She used to be a teacher. **4.** She knows you, too.

DAY 112 갑자기 퇴사한 동료

방송시청 ____회 ▸ 손영작 ____회 ▸ 입영작 ____회 ▸ 반복낭독 ____회

STEP 1 Today's Dialogue | 방송으로 대화를 들으며 빈칸에 알맞은 단어를 최대한 채워 보세요.

A: Why did you __________ without a word?
왜 말도 없이 그만 뒀어?

B: I was just tired of my __________. 그냥 일이 지긋지긋했어.

A: I hear you. Let's have lunch together __________.
공감해. 언제 한번 같이 점심 먹자고.

B: Sure. Call me __________. 그래. 언제든 연락해.

STEP 2 빈칸 단어 익히기 | 예문으로 단어의 쓰임을 익히세요.

- **quit** 관두다

  She quit all of a sudden. 걔는 갑자기 관뒀어.
  I quit! 저 관둘래요!

- **job** 일, 일자리, 직업

  I need a new job. 난 새 일자리가 필요해.
  They offered me a job. 그들이 내게 일자리를 제안했어.

- **sometime** 언젠가, 언제 한번

  Let's meet up sometime. 언제 한번 만나자.
  I will call you sometime next week. 내가 다음 주 언제 전화할게.

- **anytime** 언제든, 아무 때나

  You can call me anytime. 나한테 아무 때나 전화해도 돼.
  Stop by anytime. 언제든 들러.

STEP 3 **핵심 패턴 익히기** | 방송을 시청하며 각 문장의 핵심 패턴을 익히세요.

A: **Why did you quit without a word?** 왜 말도 없이 그만 뒀어?

without a word 말도 없이

My boss quit without a word. 우리 과장님이 말도 없이 관뒀어.

She left without a word. 걔는 말도 없이 떠났어.

B: **I was just tired of my job.** 그냥 일이 지긋지긋했어.

be tired + of (명사) (명사)가 지긋지긋하다

I am tired of your jokes. 난 네 농담이 지긋지긋해.

He is tired of his job. 걔는 자기 일이 지긋지긋한 거야.

A: **I hear you. Let's have lunch together sometime.**

공감해. 언제 한번 같이 점심 먹자고.

have lunch 점심을 먹다

I had lunch with Mayu. 나 마유랑 점심 먹었어.

Did you have lunch? 너 점심 먹었어?

B: **Sure. Call me anytime.** 그래. 언제든 연락해.

Sure. 그럼., 그래., 물론이야.

Sure. Let me just finish this. 그래. 이것만 끝내고.

Sure, I can help you. 물론 도와줄 수 있지.

직접 손영작/입영작 | 핵심 패턴을 사용하여 손으로 영작하고 입으로 영작하세요.

1. 너 왜 말도 없이 떠났니? ____________________

2. 난 네가 지긋지긋해. ____________________

3. 난 Peter와 점심을 먹었어. ____________________

4. 그럼! 내가 5시에 전화할게! ____________________

정답 | **1.** Why did you leave without a word? **2.** I am tired of you. **3.** I had lunch with Peter. **4.** Sure! I will call you at 5!

DAY 113

유기농 채소는 너무 비싸

방송시청 _____회 ▶ 손영작 _____회 ▶ 입영작 _____회 ▶ 반복낭독 _____회

STEP 1 Today's Dialogue | 방송으로 대화를 들으며 빈칸에 알맞은 단어를 최대한 채워 보세요.

A: Why are these __________ so expensive?
이 당근들은 왜 이렇게 비싸죠?

B: They are __________ carrots. That's why.
유기농 당근이에요. 그래서 그래요.

A: Where's the __________ veggie section?
일반 채소 섹션은 어디예요?

B: It's at the back __________. 저기 뒤에 있습니다.

STEP 2 빈칸 단어 익히기 | 예문으로 단어의 쓰임을 익히세요.

■ **carrot** 당근

I like carrot cake. 난 당근 케이크를 좋아해.

Carrots are good for your eyes. 당근은 눈에 좋아.

■ **organic** 유기농인

Organic veggies are expensive. 유기농 채소는 비싸.

Is this food organic? 이 음식은 유기농인가요?

■ **regular** 일반의, 보통의

I need a regular size. 전 보통 사이즈가 필요해요.

These are regular veggies. 이것들은 일반 채소입니다.

■ **over there** 저기에

Your friends are over there. 네 친구들이 저기에 있어.

I live over there. 나 저기에 살아.

STEP 3 **핵심 패턴 익히기** | 방송을 시청하며 각 문장의 핵심 패턴을 익히세요.

A: **Why are these carrots so expensive?** 이 당근들은 왜 이렇게 비싸죠?

Why (질문 어순)? 왜 (질문 어순)이죠?

Why is this so cheap? 이건 왜 이렇게 저렴하죠?

Why are you angry? 너 왜 화났어?

B: **They are organic carrots. That's why.**

유기농 당근이에요. 그래서 그래요.

That's why. 그래서 그래.

I am hungry. That's why. 나 배고파. 그래서 그래.

She is pretty. That's why. 걔는 예쁘잖아. 그래서 그렇지.

A: **Where's the regular veggie section?** 일반 채소 섹션은 어디예요?

Where is (명사)? (명사)는 어디예요?

Where is the gas station? 주유소가 어디예요?

Where is the men's room? 남자 화장실이 어디죠?

B: **It's at the back over there.** 저기 뒤에 있습니다.

at the back 뒤에, 뒤에 있는

The veggie section is at the back. 채소 섹션은 뒤에 있습니다.

The fitting room is at the back. 탈의실은 뒤에 있어요.

STEP 4 **직접 손영작/입영작** | 핵심 패턴을 사용하여 손으로 영작하고 입으로 영작하세요.

1. 너 왜 피곤해? ____________________

2. 나 졸려. 그래서 그래. ____________________

3. 화장실이 어디죠? ____________________

4. 창고는 뒤에 있습니다. ____________________

정답 | **1.** Why are you tired? **2.** I am sleepy. That's why. **3.** Where is the restroom?
4. The warehouse is at the back.

DAY 114 미국에 갈 이유가 생겼군

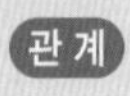

방송시청 _____회 ▶ 손영작 _____회 ▶ 입영작 _____회 ▶ 반복낭독 _____회

STEP 1 Today's Dialogue | 방송으로 대화를 들으며 빈칸에 알맞은 단어를 최대한 채워 보세요.

A: **Who is this girl in the __________?** 사진 속 이 여자애는 누구예요?

B: **That's your __________ Wendy. She's your age.**
네 사촌 Wendy란다. 네 또래야.

B: **She lives in __________.** 미국에 살아.

A: **No way! I have a cousin in America? __________!**
말도 안 돼! 제가 미국에 사촌이 있다고요? 멋져요!

STEP 2 빈칸 단어 익히기 | 예문으로 단어의 쓰임을 익히세요.

- **picture** 사진, 그림

I took too many pictures. 나 사진 너무 많이 찍었어.

She hung the picture on the wall. 그녀는 그 사진을 벽에 걸었어.

- **cousin** 사촌

Angelina is my cousin. Angelina는 내 사촌이야.

I live with my cousin. 난 사촌이랑 살아.

- **the States** 미국

My brother lives in the States. 우리 형은 미국에 살아.

I moved to the States when I was 16. 난 열여섯 살 때 미국으로 이민 갔어.

- **cool** 멋진

What a cool logo! 엄청 멋진 로고네!

The party was really cool. 그 파티는 진짜 멋졌어.

STEP 3 핵심 패턴 익히기 | 방송을 시청하며 각 문장의 핵심 패턴을 익히세요.

A: Who is this girl in the picture? 사진 속 이 여자애는 누구예요?

Who is this (명사) + in the picture? 사진 속 이 (명사)는 누구야?

Who is this guy in the picture? 사진 속에 이 남자는 누구야?

Who are these girls in the picture? 사진 속에 이 여자애들은 누구야?

B: That's your cousin Wendy. She's your age.

네 사촌 Wendy란다. 네 또래야.

(주어) is one's age. (주어)는 ~의 또래야.

They are your age. 걔네는 네 또래야.

I think Amy is my age. Amy는 내 또래인 거 같아.

B: She lives in the States. 미국에 살아.

in (나라/주/도시) (나라/주/도시)에

I live in Korea. 난 한국에 살아.

Mayu lives in Seoul. 마유는 서울에 살아.

A: No way! I have a cousin in America? Cool!

말도 안 돼! 제가 미국에 사촌이 있다고요? 멋져요!

No way! 말도 안 돼! / 절대 싫어! / 절대 아니야!

No way! Is that true? 말도 안 돼! 진짜야?

No way! You can't eat it! 절대 싫어! 너 그거 못 먹어!

STEP 4 직접 손영작/입영작 | 핵심 패턴을 사용하여 손으로 영작하고 입으로 영작하세요.

1. 사진 속에 이 여자분은 누구야? ____________________

2. 마유는 네 또래야. ____________________

3. 우린 호주에 살아. ____________________

4. 말도 안 돼! 못 믿겠어! ____________________

정답 | **1.** Who is this lady in the picture? **2.** Mayu is your age. **3.** We live in Australia. **4.** No way! I can't believe it!

DAY 115

뉴욕의 체감 온도는 최악이야

방송시청 _____회 ▶ 손영작 _____회 ▶ 입영작 _____회 ▶ 반복낭독 _____회

STEP 1 Today's Dialogue | 방송으로 대화를 들으며 빈칸에 알맞은 단어를 최대한 채워 보세요.

A: **New York is even __________ than Seoul!**
뉴욕은 서울보다 훨씬 더 춥네!

B: **It's because of the __________.** 바람 때문이야.

B: **There are many __________ buildings in the city.**
시내에 높은 건물이 많아.

A: **Gosh, I can't feel my __________.** 어휴, 손이 꽁꽁 얼었어.

STEP 2 빈칸 단어 익히기 | 예문으로 단어의 쓰임을 익히세요.

- **colder** 더 추운

Today is colder! 오늘이 더 추워!
Tomorrow will be even colder. 내일은 훨씬 더 추울 거야.

- **wind** 바람

I felt the wind on my cheeks. 뺨에 바람이 느껴졌어.
Did you just hear the wind? 방금 바람 소리 들었어?

- **tall** 키가 큰, 높은

There is a tall tree in the yard. 마당에 키가 큰 나무가 있어.
My boyfriend is not so tall. 내 남자 친구는 그렇게 키가 크진 않아.

- **hand** 손

Hold my hand. 내 손을 잡아.
Open your hands. 양손을 펴.

STEP 3 핵심 패턴 익히기 | 방송을 시청하며 각 문장의 핵심 패턴을 익히세요.

A: New York is even colder than Seoul! 뉴욕은 서울보다 훨씬 더 춥네!

than (목적어) (목적어)보다

Seoul is hotter than San Diego. 서울은 샌디에이고보다 더 더워.

Jessie is older than me. Jessie는 나보다 더 나이가 많아.

B: It's because of the wind. 바람 때문이야.

because of (목적어) (목적어) 때문에

It's because of you. 그건 너 때문이야.

Is it because of the weather? 그건 날씨 때문인가요?

B: There are many tall buildings in the city. 시내에 높은 건물이 많아.

There are (복수명사). (복수명사)들이 있어.

There are many kids. 아이들이 많아.

There are balloons in the trunk. 트렁크에 풍선들이 있어.

A: Gosh, I can't feel my hands. 어휴, 손이 꽁꽁 얼었어.

can't (동사원형) (동사원형)할 수가 없다

I can't feel my fingers. 손가락을 느낄 수가 없어. (손가락에 느낌이 없어.)

She can't run fast. 걔는 빨리 달릴 수 없어.

STEP 4 직접 손영작/입영작 | 핵심 패턴을 사용하여 손으로 영작하고 입으로 영작하세요.

1. 난 너보다 더 나이가 많아. ______________________

2. 그건 네 여동생 때문이야! ______________________

3. 그 상자 안에 비닐봉지들이 있어. ______________________

4. 난 오늘 출근할 수가 없어. ______________________

정답 | **1.** I am older than you. **2.** It's because of your sister! **3.** There are plastic bags in the box. **4.** I can't go to work today.

DAY 116 덕담 고마워, 형

방송시청 ____회 ▶ 손영작 ____회 ▶ 입영작 ____회 ▶ 반복낭독 ____회

STEP 1 Today's Dialogue | 방송으로 대화를 들으며 빈칸에 알맞은 단어를 최대한 채워 보세요.

A: **I bombed the __________ in Mr. Jackson's class.**
Jackson 교수님 수업에서 퀴즈 망쳤어.

B: **I told you! It's a __________ class.** 말했잖아! 어려운 수업이라고.

A: **I hope I don't __________ it.** 수업 낙제하지 않으면 좋겠네.

B: **You __________ will, man.** 아마 낙제할 거야.

STEP 2 빈칸 단어 익히기 | 예문으로 단어의 쓰임을 익히세요.

- **quiz** 간단한 시험, 쪽지 시험, 퀴즈
  Do we have a quiz today? 우리 오늘 퀴즈 있어?
  He gave us a quiz. 선생님이(그가) 우리한테 쪽지 시험을 냈어.

- **tough** 힘든, 어려운
  It's been a tough year. 힘든 한 해였어.
  The questions were tough. 질문들이 어려웠어.

- **flunk** 낙제하다
  I flunked the test. 나 그 시험 낙제했어.
  Danny flunked the math exam. Danny는 그 수학 시험을 낙제했어.

- **probably** 아마도
  You are probably right. 네 말이 아마 맞을 거야.
  She is probably here. 걔는 아마 여기 있을 거야.

STEP 3 핵심 패턴 익히기 | 방송을 시청하며 각 문장의 핵심 패턴을 익히세요.

A: I bombed the quiz in Mr. Jackson's class.

Jackson 교수님 수업에서 퀴즈 망쳤어.

bomb (명사) (명사)를 망치다

I bombed the physics test. 나 그 물리학 시험 망쳤어.

He bombed the English test again. 걔는 그 영어 시험을 또 망쳤어.

B: I told you! It's a tough class. 말했잖아! 어려운 수업이라고.

I told you! 말했잖아! / 내가 그랬지!

I told you! She is really mean! 말했잖아! 걔 아주 못됐어!

I told you! English is easy! 내가 그랬지! 영어는 쉬워!

A: I hope I don't flunk it. 수업 낙제하지 않으면 좋겠네.

I hope + (평서문). (평서문)이길 바라. / (평서문)이면 좋겠어.

I hope you enjoy the show. 네가 그 쇼를 즐기길 바라.

I hope your son is okay. 아드님이 괜찮으면 좋겠네요.

B: You probably will, man. 아마 낙제할 거야.

will (동사원형) (동사원형)할 것이다

You will lose the game. 넌 그 게임을 질 거야.

She will come back soon. 걔는 금방 돌아올 거야.

STEP 4 직접 손영작/입영작 | 핵심 패턴을 사용하여 손으로 영작하고 입으로 영작하세요.

1. 너 그 수학 시험 망쳤어? ______________________

2. 말했잖아! 그는 이기적이야! ______________________

3. 네가 A를 받으면 좋겠어. ______________________

4. 그들은 널 도와줄 거야. ______________________

정답 | 1. Did you bomb the math test? 2. I told you! He is selfish! 3. I hope you get an A. 4. They will help you.

DAY 117 동호회 모임에 못 가는 이유

방송시청 ____회 ▶ 손영작 ____회 ▶ 입영작 ____회 ▶ 반복낭독 ____회

STEP 1 Today's Dialogue | 방송으로 대화를 들으며 빈칸에 알맞은 단어를 최대한 채워 보세요.

A: **I can't come to the __________ this weekend.**
나 이번 주말에 모임 못 가.

B: **Why not? It'll be __________!** 왜 못 와? 재미있을 건데!

A: **My __________ is in a bad mood so...** 아내 기분이 안 좋아서…

B: **I guess we'll be __________ barbeque without you, then.** 그럼, 우리 너 없이 바비큐 굽고 있겠네.

STEP 2 빈칸 단어 익히기 | 예문으로 단어의 쓰임을 익히세요.

- **meet-up** 모임, 만남

The meet-up is on Friday. 그 모임은 금요일에 있어.
I don't want to go to the meet-up. 나 그 모임 가기 싫어.

- **fun** 재미있는

Was it fun? 그거 재미있었니?
It was a fun party. 그거 재미있는 파티였어.

- **wife** 아내

Is your wife a math teacher? 네 아내가 수학 선생님이야?
Their wives are waiting inside. 그들의 아내들이 안에서 기다리고 있어.

- **grill** 굽다

Dad is grilling burgers outside. 아빠가 밖에서 버거를 굽고 계셔.
Should we grill the vegetables, too? 우리 채소도 구워야 하나?

STEP3 핵심 패턴 익히기 | 방송을 시청하며 각 문장의 핵심 패턴을 익히세요.

A: **I can't come to the meet-up this weekend.** 나 이번 주말에 모임 못 가.

this weekend 이번 주말에

I will see you this weekend. 이번 주말에 보자.

They are moving out this weekend. 그들은 이번 주말에 이사 나가.

B: **Why not? It'll be fun!** 왜 못 와? 재미있을 건데!

Why not? 왜 아니야? / 왜 안 돼? / 왜 싫어?

Why not? Are you mad at me? 왜 못 와? 너 나한테 화났어?

Why not? It's easy! 왜 싫어? 그거 쉬워!

A: **My wife is in a bad mood so...** 아내 기분이 안 좋아서…

in a bad mood 기분이 안 좋은

My mom is in a bad mood. 엄마 기분이 안 좋아.

I think he is in a bad mood. 걔 기분이 안 좋은 거 같아.

B: **I guess we'll be grilling barbeque without you, then.**
그럼, 우리 너 없이 바비큐 굽고 있겠네.

will be (~ing) (~ing)하고 있을 것이다

I will be taking a shower. 난 샤워를 하고 있을 거야.

She will be studying with us. 걔는 우리랑 공부하고 있을 거야.

STEP4 직접 손영작/입영작 | 핵심 패턴을 사용하여 손으로 영작하고 입으로 영작하세요.

1. 너 이번 주말에 바빠? ______________________

2. 왜 싫어? 난 네 친구잖아! ______________________

3. 내 아들은 기분이 안 좋아. ______________________

4. 우린 농구를 하고 있을 거야. ______________________

정답 | **1.** Are you busy this weekend? **2.** Why not? I am your friend! **3.** My son is in a bad mood. **4.** We will be playing basketball.

DAY 118 딱 보니 모델이시네요

방송시청 _____회 ▸ 손영작 _____회 ▸ 입영작 _____회 ▸ 반복낭독 _____회

STEP 1 **Today's Dialogue** | 방송으로 대화를 들으며 빈칸에 알맞은 단어를 최대한 채워 보세요.

A: **You must be a __________.** 그쪽은 모델이신가 보군요.

B: **Yes, I am. How did you __________?** 네, 맞아요. 어떻게 아셨죠?

A: **You have a great sense of __________.**
스타일 감각이 좋으시잖아요.

B: **That's so nice of you to __________!**
그렇게 말해 주셔서 감사해요!

빈칸 단어 익히기 | 예문으로 단어의 쓰임을 익히세요.

- **model** 모델

Aren't you a model? 당신 모델 아닌가요?

I am a hand model. 전 손 모델입니다.

- **know** 알다

I know them. 난 걔네를 알아.

I knew it. 난 그걸 알았어. (그럴 줄 알았어.)

- **style** 스타일

The cardigan is totally my style. 그 카디건 완전 내 스타일이야.

We have different styles, too. 저희 다른 스타일도 있어요.

- **say** 말하다

Don't say that. 그렇게 말하지 마.

Did you just say something? 너 방금 뭐라고 (말)했어?

STEP 3 **핵심 패턴 익히기** | 방송을 시청하며 각 문장의 핵심 패턴을 익히세요.

A: **You must be a model.** **그쪽은 모델이신가 보군요.**

must be (명사) 분명히 (명사)일 것이다 / (명사)인가 보군요

You must be an only child. 넌 외동인가 보구나.

They must be husband and wife. 그들은 분명히 부부일 거야.

B: **Yes, I am. How did you know?** **네, 맞아요. 어떻게 아셨죠?**

How (질문 어순)? 어떻게 (질문 어순)이죠?

How did you find me? 너 어떻게 날 찾았어?

How can I get there? 저 거기 어떻게 가죠?

A: **You have a great sense of style.** **스타일 감각이 좋으시잖아요.**

have a sense of style 스타일 감각이 있다

Lindsay has a great sense of style. Lindsay는 스타일 감각이 좋아.

You have no sense of style. 넌 스타일 감각이 없어.

B: **That's so nice of you to say!** **그렇게 말해 주셔서 감사해요!**

That's so nice of (목적어) to say! (목적어)가 그렇게 말해 주셔서 감사해요!

That's so nice of them to say! 그들이 그렇게 말해 주다니 고맙네!

That's so nice of her to say! 그녀가 그렇게 말해 주다니 고맙네!

STEP 4 **직접 손영작/입영작** | 핵심 패턴을 사용하여 손으로 영작하고 입으로 영작하세요.

1. 당신은 의사인가 보군요. ______________________

2. 너 어떻게 마유를 알아? ______________________

3. 그들은 스타일 감각이 좋아. ______________________

4. 그렇게 말해 주셔서 감사해요! ______________________

정답 | **1.** You must be a doctor. **2.** How do you know Mayu? **3.** They have a good sense of style. **4.** That's so nice of you to say!

DAY 119 이런 분이 모태솔로라니

방송시청 ____회 ▶ 손영작 ____회 ▶ 입영작 ____회 ▶ 반복낭독 ____회

STEP 1 Today's Dialogue | 방송으로 대화를 들으며 빈칸에 알맞은 단어를 최대한 채워 보세요.

A: **I'm sure you have a __________, right?**
분명 남자 친구가 있으시겠죠?

B: **No, I wish I had __________.** 아뇨, 있으면 좋겠네요.

B: **__________, I've never been in a relationship.**
사실, 저 모태솔로예요.

A: **__________! I don't believe you.** 말도 안 돼! 못 믿겠어요.

STEP 2 빈칸 단어 익히기 | 예문으로 단어의 쓰임을 익히세요.

- **boyfriend** 남자 친구

My boyfriend works at EBS. 내 남자 친구는 EBS에서 일해.
Are you Dana's boyfriend? Dana의 남자 친구인가요?

- **one** 하나

There is one right here. 여기 하나 있어.
One is not enough. 하나로는 충분하지 않아.

- **actually** 사실

Actually, that's not true. 사실, 그건 사실이 아닙니다.
Actually, I can't eat pork. 사실, 난 돼지고기를 못 먹어.

- **No way!** 말도 안 돼!

No way! It's impossible! 말도 안 돼! 그건 불가능하다고!
No way! Did she say that? 말도 안 돼! 걔가 그렇게 말했어?

STEP 3 **핵심 패턴 익히기** | 방송을 시청하며 각 문장의 핵심 패턴을 익히세요.

A: **I'm sure you have a boyfriend, right?** **분명 남자 친구가 있으시겠죠?**

I'm sure + **(평서문).** 분명 (평서문)일 거야.

I'm sure they love you. 그들은 분명 널 사랑할 거야.

I'm sure you will be fine. 넌 분명 괜찮을 거야.

B: **No, I wish I had one.** **아뇨, 있으면 좋겠네요.**

I wish + **(평서문 과거).** (평서문 과거)이면 좋을 텐데/좋겠네.

I wish I had $1 million. 내가 백만 달러가 있으면 좋겠다.

I wish we were friends. 우리가 친구라면 좋을 텐데.

B: **Actually, I've never been in a relationship.** **사실, 저 모태솔로예요.**

be in a relationship 연애를 하다, 애인이 있다

I am in a relationship. 전 애인이 있어요.

Are you currently in a relationship? 현재 연애 중이신가요?

A: **No way! I don't believe you.** **말도 안 돼! 못 믿겠어요.**

believe **(목적어)** (목적어)를 믿다

I believe you. 난 널 믿어.

They didn't believe me. 그들은 날 안 믿었어.

STEP 4 **직접 손영작/입영작** | 핵심 패턴을 사용하여 손으로 영작하고 입으로 영작하세요.

1. 네 아내는 분명 널 사랑할 거야. ______________________________

2. 내가 자동차가 있다면 좋을 텐데. ______________________________

3. 그녀는 연애 중입니다. ______________________________

4. 넌 그녀를 믿니? ______________________________

정답 | **1.** I'm sure your wife loves you. **2.** I wish I had a car. **3.** She is in a relationship. **4.** Do you believe her?

DAY 120 입국 심사 중 전형적인 질문

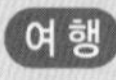

방송시청 ____회 ▶ 손영작 ____회 ▶ 입영작 ____회 ▶ 반복낭독 ____회

STEP 1 Today's Dialogue | 방송으로 대화를 들으며 빈칸에 알맞은 단어를 최대한 채워 보세요.

A: **What's the purpose of your __________, sir?**
여행 목적이 어떻게 되죠, 선생님?

B: **I'm just __________ with my children.**
그냥 제 아이들과 여행 중입니다.

A: **And where are you __________?** 그리고 어디서 머무시죠?

B: **We're staying at my cousin's __________.**
저희 사촌 집에 머뭅니다.

STEP 2 빈칸 단어 익히기 | 예문으로 단어의 쓰임을 익히세요.

- **trip** 여행

I am excited about the trip. 나 그 여행 때문에 신이 나.
I have a business trip tomorrow. 나 내일 출장 있어.

- **travel** 여행하다, 이동하다

Are you traveling by yourself? 혼자 여행 중이세요?
We traveled to Canada. 우린 캐나다로 이동했어.

- **stay** 머물다, 한곳에 있다

I am staying at a hotel. 난 호텔에 머물고 있어.
Stay here, kids. 여기 있어, 얘들아.

- **home** 집, 보금자리

This is our new home. 여기가 우리 새 보금자리야.
She is a homeowner. 그녀는 집주인이야.

STEP 3 핵심 패턴 익히기 | 방송을 시청하며 각 문장의 핵심 패턴을 익히세요.

A: **What's the purpose of your trip, sir?** 여행 목적이 어떻게 되죠, 선생님?

What's the purpose + of (명사)? (명사)의 목적이 뭐죠? / (명사)의 목적이 어떻게 되나요?

What's the purpose of this meeting? 이번 회의의 목적이 뭐죠?

What's the purpose of this trip? 이번 여행의 목적이 어떻게 되죠?

B: **I'm just traveling with my children.** 그냥 제 아이들과 여행 중입니다.

with (목적어) (목적어)와

I live with my parents. 난 부모님과 살아.

Jason used to work with Jenny. Jason은 Jenny랑 일하곤 했어.

A: **And where are you staying?** 그리고 어디서 머무시죠?

Where (질문 어순)? 어디서/어디로/어디에 (질문 어순)이죠?

Where do you live? 너 어디에 살아?

Where can I buy it? 그걸 어디서 살 수 있죠?

B: **We're staying at my cousin's home.** 저희 사촌 집에 머뭅니다.

stay + at (장소) (장소)에 머물다

I am staying at my friend's apartment. 난 내 친구의 아파트에서 머물고 있어.

We are staying at a hotel. 저희는 호텔에서 머물고 있어요.

STEP 4 직접 손영작/입영작 | 핵심 패턴을 사용하여 손으로 영작하고 입으로 영작하세요.

1. 이 세미나의 목적이 뭐죠? ______________________

2. 넌 우리와 있어도[머물러도] 돼. ______________________

3. 마유는 어디에 사니? ______________________

4. 우린 호텔에 머물렀어. ______________________

정답 | **1.** What's the purpose of this seminar? **2.** You can stay with us. **3.** Where does Mayu live? **4.** We stayed at a hotel.

DAY 121 기특한 내 아들

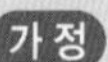

방송시청 ____회 ▸ 손영작 ____회 ▸ 입영작 ____회 ▸ 반복낭독 ____회

STEP 1 Today's Dialogue | 방송으로 대화를 들으며 빈칸에 알맞은 단어를 최대한 채워 보세요.

A: **It's Mom and Dad's ________ today.**
오늘은 엄마 아빠의 기념일이란다.

B: **I know. Are you going ________?** 알아요. 어디라도 가세요?

A: **We are going out to dinner ________.**
오늘 밤에 저녁 식사 하러 나간단다.

B: **________. I can look after Jenny.**
문제없죠. 제가 Jenny를 돌볼 수 있어요.

STEP 2 빈칸 단어 익히기 | 예문으로 단어의 쓰임을 익히세요.

- **anniversary** 기념일

Today is our anniversary. 오늘은 우리의 기념일이야.
It's our 12th anniversary. 우리의 12번째 기념일이야.

- **anywhere** 어디라도, 어디든, 아무 데나

Did you go anywhere? 너 어디라도 갔니?
We can go anywhere! 우린 어디든 갈 수 있어!

- **tonight** 오늘 밤, 오늘 밤에

We have a party tonight. 우리 오늘 밤에 파티 있어.
I have plans for tonight. 나 오늘 밤에 약속 있어.

- **No problem.** 문제없죠.

No problem. I can help you. 문제없죠. 제가 도와 드릴 수 있어요.
No problem. Just call me later. 문제없지. 나한테 나중에 전화만 해.

STEP 3 핵심 패턴 익히기 | 방송을 시청하며 각 문장의 핵심 패턴을 익히세요.

A: It's Mom and Dad's anniversary today.

오늘은 엄마 아빠의 기념일이란다.

A and B's A와 B의

It's Peter and Jenna's anniversary tomorrow.

내일이 Peter와 Jenna의 기념일이야.

I am going to Amy and Frank's housewarming party.

난 Amy랑 Frank의 집들이에 가.

B: I know. Are you going anywhere? 알아요. 어디라도 가세요?

Are you going + to (장소)? 너 (장소)에 가니?

Are you going to the beach? 너 해변에 가?

Are you going home? 너 집에 가니?

A: We are going out to dinner tonight. 오늘 밤에 저녁 식사 하러 나간단다.

go out to dinner 저녁 식사 하러 나가다

Let's go out to dinner. 저녁 식사 하러 나가자.

My parents went out to dinner. 부모님은 저녁 식사 하러 나가셨어요.

B: No problem. I can look after Jenny.

문제없죠. 제가 Jenny를 돌볼 수 있어요.

look after (목적어) (목적어)를 돌보다

I will look after him. 내가 그를 돌볼게.

Could you look after her? 그 아이를 돌봐 줄 수 있을까?

직접 손영작/입영작 | 핵심 패턴을 사용하여 손으로 영작하고 입으로 영작하세요.

1. 오늘이 Tony와 Lisa의 기념일이야. ____________________

2. 너 내일 어디라도 가니? ____________________

3. 그 커플은 저녁 식사 하러 나갔어. ____________________

4. 난 내 (남자) 조카를 돌봤어. ____________________

정답 | **1.** It's Tony and Lisa's anniversary today. **2.** Are you going anywhere tomorrow? **3.** The couple went out to dinner. **4.** I looked after my nephew.

DAY 122 왜 자네가 부러운 거지?

방송시청 _____회 ▶ 손영작 _____회 ▶ 입영작 _____회 ▶ 반복낭독 _____회

STEP 1 Today's Dialogue | 방송으로 대화를 들으며 빈칸에 알맞은 단어를 최대한 채워 보세요.

A: How about a __________ after work? 퇴근 후에 한잔 어때?

B: I can't. It's my wife's __________ today.
못해. 오늘 우리 아내 생일이야.

A: I guess I'll just __________ by myself.
그냥 나 혼자 마실 것 같네.

B: I kind of __________ you. 자네가 약간 부럽구만.

STEP 2 빈칸 단어 익히기 | 예문으로 단어의 쓰임을 익히세요.

- **drink 음료, 술**
  Did you order drinks, too? 음료도 주문했어?
  Let's grab a drink. 술 한잔하자.

- **birthday 생일**
  When is your birthday? 너 생일이 언제야?
  My birthday already passed. 내 생일은 벌써 지났어.

- **drink 마시다**
  I don't want to drink alone. 나 혼자 마시기 싫어.
  Drink some juice. 주스를 좀 마셔.

- **envy 부러워하다**
  I envy them. 난 그들이 부러워.
  We envy you. 우린 네가 부러워.

STEP 3 핵심 패턴 익히기 | 방송을 시청하며 각 문장의 핵심 패턴을 익히세요.

A: **How about a drink after work?** 퇴근 후에 한잔 어때?

How about (명사)? (명사)는 어때?

How about Friday? 금요일은 어때?

How about my cousin Alison? 내 사촌 Alison은 어때?

B: **I can't. It's my wife's birthday today.** 못해. 오늘 우리 아내 생일이야.

It's (날/날짜/요일). (날/날짜/요일)이야.

It's my husband's birthday today. 오늘 우리 남편 생일이야.

It's Children's Day. 어린이날이야.

A: **I guess I'll just drink by myself.** 그냥 나 혼자 마실 것 같네.

by oneself 혼자, 스스로

Are you here by yourself? 여기 혼자 오셨어요?

I just ate by myself. 나 그냥 혼자 먹었어.

B: **I kind of envy you.** 자네가 약간 부럽구만.

kind of 약간, 좀

I kind of like it. 나 그거 약간 마음에 들어.

She is kind of mean. 걔는 좀 못됐어.

STEP 4 직접 손영작/입영작 | 핵심 패턴을 사용하여 손으로 영작하고 입으로 영작하세요.

1. 오늘은 어때? ______________________________
2. 내일은 토요일이야. ______________________________
3. 난 그걸 혼자 할 수 있어. ______________________________
4. 그건 약간 오래됐어. ______________________________

정답 | **1.** How about today? **2.** It's Saturday tomorrow. **3.** I can do it by myself. **4.** It's kind of old.

DAY 123

보석상을 운영하는 친구 아내

방송시청 ____회 ▶ 손영작 ____회 ▶ 입영작 ____회 ▶ 반복낭독 ____회

STEP 1 Today's Dialogue | 방송으로 대화를 들으며 빈칸에 알맞은 단어를 최대한 채워 보세요.

A: __________ is coming up. 밸런타인데이가 다가오네.

B: That's __________! It's only 9 days away! 맞아! 겨우 9일 남았네!

B: Thanks, man. I almost __________... 고마워. 잊을 뻔했네…

A: Buy her some __________. My wife owns a jewelry shop. 액세서리를 좀 사 줘. 우리 아내가 보석상을 하고 있거든.

STEP 2 빈칸 단어 익히기 | 예문으로 단어의 쓰임을 익히세요.

- **Valentine's Day** 밸런타인데이

It's Valentine's Day today. 오늘은 밸런타인데이야.

I hate Valentine's Day. 난 밸런타인데이가 싫어.

- **right** 맞는, 옳은

She is right. 걔 말이 맞아.

Is this the right answer? 이게 옳은 답이니?

- **forget** 잊다

Don't forget your password. 네 비밀번호를 잊지 마.

I forgot her last name. 난 그녀의 성을 잊었어.

- **accessory** 액세서리

I bought some accessories. 나 액세서리를 좀 샀어.

They sell cute accessories. 거긴 귀여운 액세서리를 팔아.

STEP 3 핵심 패턴 익히기 | 방송을 시청하며 각 문장의 핵심 패턴을 익히세요.

A: **Valentine's Day is coming up.** 밸런타인데이가 다가오네.

coming up 다가오는

My birthday is coming up. 내 생일이 다가와.

The expo is coming up. 그 엑스포가 다가와.

B: **That's right! It's only 9 days away!** 맞아! 겨우 9일 남았네!

(기간) away (기간)이 남은

It's only 6 months away. 그거 겨우 6개월 남았어.

The exam is only a week away. 그 시험 겨우 일주일 남았어.

B: **Thanks, man. I almost forgot...** 고마워. 잊을 뻔했네…

almost (과거동사) (과거동사)할 뻔하다

She almost lost her key. 걔는 열쇠를 잃어버릴 뻔했어.

I almost died. 나 죽을 뻔했어.

A: **Buy her some accessories. My wife owns a jewelry shop.**
액세서리를 좀 사 줘. 우리 아내가 보석상을 하고 있거든.

buy (목적어) + (명사) (목적어)에게 (명사)를 사 주다

Buy her something cute. 걔한테 뭔가 귀여운 걸 사 줘.

My dad bought me this toy. 우리 아빠가 나한테 이 장난감을 사 주셨어.

STEP 4 직접 손영작/입영작 | 핵심 패턴을 사용하여 손으로 영작하고 입으로 영작하세요.

1. 그들의 기념일이 다가와. ________________________

2. 그건 겨우 3일 남았어. ________________________

3. 우린 그 버스를 놓칠 뻔했어. ________________________

4. 마유가 나한테 이 책을 사 줬어. ________________________

정답 | **1.** Their anniversary is coming up. **2.** It's only 3 days away. **3.** We almost missed the bus. **4.** Mayu bought me this book.

DAY 124

삼촌 밑에서 일 좀 배워 볼까?

방송시청 ____회 ▸ 손영작 ____회 ▸ 입영작 ____회 ▸ 반복낭독 ____회

STEP 1 Today's Dialogue | 방송으로 대화를 들으며 빈칸에 알맞은 단어를 최대한 채워 보세요.

A: Are you ________ looking for a job? 아직 일자리 찾고 있니?

B: Yeah, but it's not ________ to find one.
그렇긴 한데 찾기가 쉽지 않아요.

A: Why don't you ________ for me? 삼촌 밑에서 일하는 게 어떠니?

B: Oh, yeah! You just started your own ________, right? 아, 맞다! 이제 막 사업 시작하셨죠?

STEP 2 빈칸 단어 익히기 | 예문으로 단어의 쓰임을 익히세요.

- **still** 여전히, 아직

I still love you. 난 여전히 널 사랑해.
Hailey is still getting dressed. Hailey는 아직도 옷을 입고 있어.

- **easy** 쉬운

Learning English is easy. 영어를 배우는 건 쉬워.
The questions will be easy. 질문들이 쉬울 거야.

- **work** 일하다

I work at Mayu Cosmetics. 난 마유 화장품에서 일해.
I used to work with Elon. 난 Elon이랑 일하곤 했어.

- **business** 사업, 사업체

Business is slow. 사업이 잘 안 돼. (경기가 안 좋아.)
I run a small business. 전 작은 사업체를 운영합니다.

STEP 3 핵심 패턴 익히기 | 방송을 시청하며 각 문장의 핵심 패턴을 익히세요.

A: **Are you still looking for a job?** 아직 일자리 찾고 있니?

look + for (명사) (명사)를 찾다

Are you looking for a desk? 책상을 찾고 있으세요?

I am looking for a decent job. 전 괜찮은 일자리를 찾고 있어요.

B: **Yeah, but it's not easy to find one.** 그렇긴 한데 찾기가 쉽지 않아요.

It's not easy + to (동사원형). (동사원형)하는 건 쉽지 않아.

It's not easy to lose weight. 살 빼는 건 쉽지 않아.

It's not easy to get over her. 그녀를 잊는 건 쉽지 않아.

A: **Why don't you work for me?** 삼촌 밑에서 일하는 게 어떠니?

work + for (명사) (명사)의 밑에서 일하다

I work for my uncle. 난 삼촌 밑에서 일해.

I used to work for my aunt. 난 이모 밑에서 일하곤 했어.

B: **Oh, yeah! You just started your own business, right?**
아, 맞다! 이제 막 사업 시작하셨죠?

one's own (명사) ~만의 (명사)

I have my own business. 전 저만의 사업체가 있어요.

She needs her own room. 걔는 자기만의 방이 필요해.

STEP 4 직접 손영작/입영작 | 핵심 패턴을 사용하여 손으로 영작하고 입으로 영작하세요.

1. 그녀는 일자리를 찾고 있니? ______________________

2. 일찍 일어나는 건 쉽지 않아. ______________________

3. 그녀는 그녀의 아빠 밑에서 일해. ______________________

4. 난 나만의 집이 필요해. ______________________

정답 | **1.** Is she looking for a job? **2.** It's not easy to wake up early. **3.** She works for her dad. **4.** I need my own house.

DAY 125 기내식은 놓칠 수 없지

방송시청 _____회 ▸ 손영작 _____회 ▸ 입영작 _____회 ▸ 반복낭독 _____회

STEP 1 Today's Dialogue | 방송으로 대화를 들으며 빈칸에 알맞은 단어를 최대한 채워 보세요.

A: **I fell asleep and missed my __________.**
잠이 들어서 식사를 놓쳤는데요.

B: **You can __________ have one.** 아직 드실 수 있어요.

B: **Would you like beef or __________?**
소고기 원하세요, 아니면 생선을 원하세요?

A: **I'd like fish and a __________ of wine please.**
생선이랑 와인 한 잔 주세요.

STEP 2 빈칸 단어 익히기 | 예문으로 단어의 쓰임을 익히세요.

■ **meal** 식사

Never skip your meals. 식사를 절대 거르지 마세요.

They had a late-night meal. 그들은 야식을 먹었어.

■ **still** 여전히, 아직

I still remember the day. 난 아직 그날이 기억나.

WCB English is still the #1 English program.
왕초보영어는 여전히 1등 영어 프로그램이야.

■ **fish** 생선, 물고기

I like fish better. 난 생선을 더 좋아해.

Fish can't live without water. 물고기는 물 없이는 못 살아.

■ **glass** 잔

I drank a glass of wine. 난 와인 한 잔을 마셨어.

Here's a glass of water. 여기 물 한 잔이요.

STEP 3 핵심 패턴 익히기 | 방송을 시청하며 각 문장의 핵심 패턴을 익히세요.

A: **I fell asleep and missed my meal.** 잠이 들어서 식사를 놓쳤는데요.

fall asleep 잠들다

I fell asleep in her class. 난 그녀의 수업에서 잠들었어.

I couldn't fall asleep. 난 잠들지 못했어.

B: **You can still have one.** 아직 드실 수 있어요.

have 먹다, 마시다

I already had lunch. 나 이미 점심 먹었어.

Have some cake. 케이크를 좀 먹어.

B: **Would you like beef or fish?** 소고기 원하세요, 아니면 생선을 원하세요?

Would you like (명사)? (명사)를 원하세요?

Would you like some milk? 우유를 좀 원하세요?

Would you like an aisle seat? 통로석을 원하세요?

A: **I'd like fish and a glass of wine please.** 생선이랑 와인 한 잔 주세요.

I'd like (명사). (명사)를 원해요. / (명사)를 주세요.

I'd like some French fries. 프렌치프라이를 좀 원해요.

I'd like your advice. 조언을 좀 주세요.

STEP 4 직접 손영작/입영작 | 핵심 패턴을 사용하여 손으로 영작하고 입으로 영작하세요.

1. 우린 잠들었어. ____________________

2. 같이 저녁 먹자. ____________________

3. 차를 좀 원하세요? ____________________

4. 전 커피를 좀 원해요. ____________________

정답 | **1.** We fell asleep. **2.** Let's have dinner together. **3.** Would you like some tea? **4.** I'd like some coffee.

DAY 126

아빠의 서프라이즈를 깬 아들

방송시청 _____회 ▶ 손영작 _____회 ▶ 입영작 _____회 ▶ 반복낭독 _____회

STEP 1 Today's Dialogue | 방송으로 대화를 들으며 빈칸에 알맞은 단어를 최대한 채워 보세요.

A: Are you going out with __________ on Valentine's Day? 밸런타인데이에 아빠랑 나가세요?

B: I don't think so. He's too __________.
안 나갈 거 같은데. 아빠가 너무 바빠.

B: Why do you __________ me that? 엄마한테 왜 그걸 물어보니?

A: I saw __________ tickets on his desk.
아빠 책상 위에서 콘서트 티켓을 봤거든요.

STEP 2 빈칸 단어 익히기 | 예문으로 단어의 쓰임을 익히세요.

■ **daddy** 아빠

Daddy, look! 아빠, 보세요!

My daddy is a firefighter. 우리 아빠는 소방관이야.

■ **busy** 바쁜

My son is always busy. 내 아들은 항상 바빠.

Lance is a busy man. Lance는 바쁜 남자야.

■ **ask** 물어보다, ~에게 물어보다

I already asked Mayu. 나 마유한테 벌써 물어봤어.

Stop asking questions. 질문 좀 그만 해.

■ **concert** 콘서트

They are throwing a concert. 걔네는 콘서트를 해.

The concert tickets are sold out. 그 콘서트 티켓은 매진됐어.

STEP 3 핵심 패턴 익히기 | 방송을 시청하며 각 문장의 핵심 패턴을 익히세요.

A: Are you going out with Daddy on Valentine's Day?
밸런타인데이에 아빠랑 나가세요?

go out + with (목적어) (목적어)와 나가다

I am going out with Annie. 나 Annie랑 나가.

I went out with my husband. 난 남편이랑 나갔어.

B: I don't think so. He's too busy. 안 나갈 거 같은데. 아빠가 너무 바빠.

I don't think so. 아닐 거 같아.

I don't think so. You know her. 아닐 거 같은데. 너도 걔를 알잖아.

Him? I don't think so. 걔가? 아닐 거 같은데.

B: Why do you ask me that? 엄마한테 왜 그걸 물어보니?

Why (질문 어순)? 왜 (질문 어순)이야?

Why do you hate me? 너 왜 날 싫어해?

Why did she quit? 걔는 왜 관뒀어?

A: I saw concert tickets on his desk.
아빠 책상 위에서 콘서트 티켓을 봤거든요.

on (명사) (명사) 위에/위에서

I saw it on the sofa. 나 그거 소파 위에서 봤어.

I put it on the table. 나 그거 테이블 위에 놔뒀어.

STEP 4 직접 손영작/입영작 | 핵심 패턴을 사용하여 손으로 영작하고 입으로 영작하세요.

1. 그녀는 그녀의 남자 친구와 나갔어. ______________________

2. 아닐 거 같아. 그는 싱글이잖아. ______________________

3. 너 왜 울고 있니? ______________________

4. 나 그거 테이블 위에서 봤어. ______________________

정답 | **1.** She went out with her boyfriend. **2.** I don't think so. He is single. **3.** Why are you crying? **4.** I saw it on the table.

DAY 127

영어 리스닝을 잘하려면

방송시청 _____회 ▸ 손영작 _____회 ▸ 입영작 _____회 ▸ 반복낭독 _____회

STEP 1 Today's Dialogue | 방송으로 대화를 들으며 빈칸에 알맞은 단어를 최대한 채워 보세요.

A: I want to __________ my listening skills.
내 청취 실력을 늘리고 싶어.

B: Watch __________ in English. 영어로 된 영상들을 봐.

A: But __________ speak too fast.
하지만 영어 원어민들은 너무 빨리 말한다고.

B: Start with easy __________. 쉬운 만화부터 시작해 봐.

STEP 2 빈칸 단어 익히기 | 예문으로 단어의 쓰임을 익히세요.

- **improve** 늘리다, 향상시키다
  You can improve your English. 넌 네 영어 실력을 향상시킬 수 있어.
  You should improve speaking skills. 너 말하기 실력 늘려야 해.

- **video** 비디오, 영상
  I am watching a music video. 난 뮤직비디오를 보고 있어.
  This video is for all ages. 이 비디오는 전 연령이 볼 수 있어요.

- **native English speaker** 영어 원어민
  Thomas is a native English speaker. Thomas는 영어 원어민이야.
  We need a native English speaker here. 우린 여기 영어 원어민이 필요해.

- **cartoon** 만화
  The kids are watching a cartoon. 아이들은 만화를 보고 있어.
  I watched an English cartoon. 난 영어 만화를 봤어.

STEP 3 **핵심 패턴 익히기** | 방송을 시청하며 각 문장의 핵심 패턴을 익히세요.

A: **I want to improve my listening skills.** 내 청취 실력을 늘리고 싶어.

want to (동사원형) (동사원형)하고 싶다

I want to learn French. 난 프랑스어를 배우고 싶어.

Jim wants to stay here. Jim은 여기 있고 싶어해.

B: **Watch videos in English.** 영어로 된 영상들을 봐.

in (언어) (언어)로 된

Read books in English. 영어로 된 책들을 읽어.

I watched videos in Italian. 난 이탈리아어로 된 영상들을 봤어.

A: **But native English speakers speak too fast.**

하지만 영어 원어민들은 너무 빨리 말한다고.

too (부사) 너무 (부사)하게

I ate too fast. 난 너무 빨리 먹었어.

She woke up too late. 걔는 너무 늦게 일어났어.

B: **Start with easy cartoons.** 쉬운 만화부터 시작해 봐.

start + with (명사) (명사)부터 시작하다

Start with easy books. 쉬운 책부터 시작해.

Start with simple sentences. 간단한 문장부터 시작해 봐.

직접 손영작/입영작 | 핵심 패턴을 사용하여 손으로 영작하고 입으로 영작하세요.

1. 우린 집에 가고 싶어. ______________________

2. 중국어로 된 영상들을 봐. ______________________

3. 그녀는 너무 천천히 먹어. ______________________

4. 쉬운 단어들부터 시작해. ______________________

정답 | **1.** We want to go home. **2.** Watch videos in Chinese. **3.** She eats too slowly.
4. Start with easy words.

DAY 128

요가 레깅스는 왜 꼭 작아야 해?

방송시청 _____회 ▶ 손영작 _____회 ▶ 입영작 _____회 ▶ 반복낭독 _____회

STEP 1 Today's Dialogue | 방송으로 대화를 들으며 빈칸에 알맞은 단어를 최대한 채워 보세요.

A: Do you have __________ yoga leggings?
빅 사이즈 레깅스 있나요?

B: __________ these. They run large.
이걸 입어 보세요. 크게 나왔어요.

A: Oh, God... I can't __________! 오, 신이시여… 숨을 못 쉬겠어요!

B: Well, we have __________ too if you want.
음, 원하시면 트레이닝 바지도 있습니다.

STEP 2 빈칸 단어 익히기 | 예문으로 단어의 쓰임을 익히세요.

- **plus-size** 빅 사이즈인
  I wear plus-size shirts. 난 빅 사이즈 셔츠를 입어.
  They don't have plus-size pants. 거기는 빅 사이즈 바지가 없어.

- **try** 시도해 보다, 입어 보다, 먹어 보다
  Try this size. 이 사이즈를 입어 봐.
  Try it. It's not so bad. 그거 먹어 봐. 그렇게 나쁘지 않아.

- **breathe** 숨쉬다
  Can you breathe? 숨쉴 수 있겠어?
  I couldn't breathe. 난 숨을 쉴 수가 없었어.

- **sweatpants** 트레이닝 바지
  These sweatpants are so comfortable. 이 트레이닝 바지 엄청 편해.
  Your sweatpants look so stylish. 트레이닝 바지 엄청 세련돼 보여.

STEP 3 **핵심 패턴 익히기** | 방송을 시청하며 각 문장의 핵심 패턴을 익히세요.

A: Do you have plus-size yoga leggings? 빅 사이즈 레깅스 있나요?

Do you have (명사)? (명사) 있나요?

Do you have any other colors? 다른 색도 있나요?

Do you have plus-size pants? 빅 사이즈 바지 있나요?

B: Try these. They run large. 이걸 입어 보세요. 크게 나왔어요.

run large (사이즈가) 크게 나오다

These shoes run large. 이 신발은 크게 나와요.

Those jeans run large. 그 청바지는 크게 나와요.

A: Oh, God... I can't breathe! 오, 신이시여… 숨을 못 쉬겠어요!

can't (동사원형) (동사원형) 할 수 없다

I can't breathe in this. 나 이거 입고 숨 못 쉬겠어.

She can't swim. 걔는 수영을 못 해.

B: Well, we have sweatpants too if you want.

음, 원하시면 트레이닝 바지도 있습니다.

if you want 원하면

You can call me if you want. 원하시면 저한테 전화 주셔도 돼요.

Take it if you want. 원하시면 그거 가져가세요.

STEP 4 **직접 손영작/입영작** | 핵심 패턴을 사용하여 손으로 영작하고 입으로 영작하세요.

1. 빅 사이즈 드레스 있나요? ______________________________

2. 이 치마들은 크게 나와요. ______________________________

3. 난 높이 점프 못 해. ______________________________

4. 원하시면 여기서 기다리셔도 돼요. ______________________________

정답 | **1.** Do you have plus-size dresses? **2.** These skirts run large. **3.** I can't jump high. **4.** You can wait here if you want.

DAY 129

사실은 여사친을 좋아했다

방송시청 _____회 ▶ 손영작 _____회 ▶ 입영작 _____회 ▶ 반복낭독 _____회

STEP 1 Today's Dialogue | 방송으로 대화를 들으며 빈칸에 알맞은 단어를 최대한 채워 보세요.

A: **Can you make time for me _________?**
내일 나한테 시간 내 줄 수 있어?

B: **I'll be busy in the morning, but I'll be _________ in the afternoon.** 오전엔 바쁠 건데, 오후엔 시간 있을 거야.

B: **Why? What's the _________?** 왜? 무슨 일인데?

A: **I want to take you to the _________ for dinner.**
시내에 나가서 저녁 사 주고 싶어서.

STEP 2 빈칸 단어 익히기 | 예문으로 단어의 쓰임을 익히세요.

■ **tomorrow** 내일

Tomorrow is a big day. 내일은 중요한 날이야.

I am going to work tomorrow. 나 내일 출근해.

■ **free** 자유로운, 시간이 있는

I will be free on Friday. 나 금요일에 시간이 있을 거야.

You are free now. 넌 이제 자유야.

■ **occasion** (특별한) 일, 행사

It was an unusual occasion. 그건 흔치 않은 일이었어.

It's a special occasion. 그건 특별한 행사야.

■ **city** 도시, 시내

I live in the city. 저 시내에 살아요.

She loves living in the city. 걔는 도시에 사는 걸 엄청 좋아해.

STEP 3 핵심 패턴 익히기 | 방송을 시청하며 각 문장의 핵심 패턴을 익히세요.

A: Can you make time for me tomorrow? 내일 나한테 시간 내 줄 수 있어?

make time + for (목적어) (목적어)에게 시간을 내 주다

I can make time for you. 너한테 시간 내 줄 수 있어.

The CEO made time for us. 사장님이 우리에게 시간을 내 주셨어.

B: I'll be busy in the morning, but I'll be free in the afternoon.

오전엔 바쁠 건데, 오후엔 시간 있을 거야.

in the morning 오전에, 새벽에

It's 3 in the morning. 새벽 3시야.

I woke up at 8 in the morning. 나 아침 8시에 일어났어.

B: Why? What's the occasion? 왜? 무슨 일인데?

What's the occasion? 무슨 (특별한) 일인데?

You look good! What's the occasion? 멋져 보이네! 무슨 일이야?

Sure. What's the occasion? 물론이지. 무슨 일인데?

A: I want to take you to the city for dinner.

시내에 나가서 저녁 사 주고 싶어서.

take (목적어) + to (장소) (목적어)를 (장소)에 데려가다

My husband took me to the theme park. 내 남편이 날 테마 공원에 데려갔어.

Take me to the hospital. 절 병원에 데려가 주세요.

직접 손영작/입영작 | 핵심 패턴을 사용하여 손으로 영작하고 입으로 영작하세요.

1. 저희에게 시간을 내 주실 수 있나요? ______________________

2. 나 오전에 바빴어. ______________________

3. 무슨 일인데? ______________________

4. Bob이 우릴 해변에 데려갔어. ______________________

정답 | **1.** Can you make time for us? **2.** I was busy in the morning. **3.** What's the occasion? **4.** Bob took us to the beach.

DAY 130

내 좌석은 축구공이 아니야

방송시청 ____회 ▶ 손영작 ____회 ▶ 입영작 ____회 ▶ 반복낭독 ____회

STEP 1 Today's Dialogue | 방송으로 대화를 들으며 빈칸에 알맞은 단어를 최대한 채워 보세요.

A: **Can you move me to __________ seat?**
저 다른 좌석으로 옮겨 주실 수 있나요?

B: **What's the __________, sir?** 무슨 문제죠, 손님?

A: **The kids keep __________ my seat.** 아이들이 계속 제 좌석을 차요.

B: **I see. Let me talk to their __________.**
알겠습니다. 제가 아이들의 부모님께 얘기해 보죠.

STEP 2 빈칸 단어 익히기 | 예문으로 단어의 쓰임을 익히세요.

- **another** 다른, 또 하나의

I want another room. 전 다른 방을 원해요.
She had another drink. 그녀는 또 한 잔을 했어.

- **matter** 문제

It's a serious matter. 그건 심각한 문제야.
This is an urgent matter. 이건 긴급한 문제입니다.

- **kick** 차다

Stop kicking my seat. 내 자리를 그만 차.
I kicked the ball. 난 그 공을 찼어.

- **parents** 부모

I respect my parents' opinions. 난 부모님의 의견을 존중해.
Her parents live in Spain. 그녀의 부모님은 스페인에 사셔.

STEP 3 핵심 패턴 익히기 | 방송을 시청하며 각 문장의 핵심 패턴을 익히세요.

A: **Can you move me to another seat?**
저 다른 좌석으로 옮겨 주실 수 있나요?

move (목적어) + to (명사) (목적어)를 (명사)로 옮기다

Move the sofa to the living room. 그 소파를 거실로 옮겨.

They moved me to the New York office. 그들이 날 뉴욕 지점으로 전근시켰어.

B: **What's the matter, sir?** 무슨 문제죠, 손님?

What's the matter? 무슨 문제죠?

What's the matter, ma'am? 무슨 문제죠, 부인?

What's the matter? Are you okay? 무슨 문제니? 괜찮아?

A: **The kids keep kicking my seat.** 아이들이 계속 제 좌석을 차요.

keep (~ing) 계속 (~ing)하다

Keep working. 계속 일해.

I kept falling. 난 계속 넘어졌어.

B: **I see. Let me talk to their parents.**
알겠습니다. 제가 아이들의 부모님께 얘기해 보죠.

Let me (동사원형). (동사원형)할게요.

Let me talk to him. 제가 그와 얘기할게요.

Let me try again. 다시 시도해 볼게.

STEP 4 직접 손영작/입영작 | 핵심 패턴을 사용하여 손으로 영작하고 입으로 영작하세요.

1. 저희를 다른 테이블로 옮겨 주실 수 있나요? ____________________

2. 무슨 문제니? 너 슬퍼 보여. ____________________

3. 계속 얘기해. ____________________

4. 제가 당신 아들과 얘기할게요. ____________________

정답 | **1.** Can you move us to another table? **2.** What's the matter? You look sad. **3.** Keep talking. **4.** Let me talk to your son.

EBS 왕초보영어 2024 • 하편

발 행 일 | 2024년 7월 5일
1쇄 인쇄일 | 2024년 6월 28일

기 획 | EBS
발행인 | 김유열
지은이 | 마스터유진
디자인 | 디자인싹
편 집 | ㈜ 글사랑
인 쇄 | 팩컴코리아㈜

펴 낸 곳 | 한국교육방송공사 • 경기도 고양시 일산동구 한류월드로 281
신고번호 | 제2017-000193호
교재문의 | 1588-1580

ISBN 978-89-547-8504-4 (13740)

○ 책값은 뒤표지에 있습니다.
○ 인쇄 과정 중 잘못된 책은 구입하신 곳에서 교환해 드립니다.